DIE FRAU IN DER DDR

BLACKWELL GERMAN TEXTS
GENERAL EDITOR: PETER HUTCHINSON

Die Frau in der DDR

An anthology of women's writing from
the German Democratic Republic

Edited with an introduction, notes and vocabulary
by
CHRIS WEEDON

Basil Blackwell

Copyright © Chris Weedon, 1988

First published 1988

Basil Blackwell Ltd
108 Cowley Road, Oxford, OX4 1JF, UK

Basil Blackwell Inc.
432 Park Avenue South, Suite 1503
New York, NY 10016, USA

British Library Cataloguing in Publication Data

Die Frau in der DDR: an anthology of
women's writing from the German Democratic
Republic.—(Blackwell German texts).
1. German literature. East German women
writers 1945–. Anthologies
I. Title
830.8'09287
ISBN 0–631–15789–1

Library of Congress Cataloging-in-Publication Data

Die Frau in der DDR.
    (Blackwell German texts)
    Bibliography: p.
    1. German fiction—Germany (East) 2. German
fiction—Women authors. 3. German fiction—20th
century. 4. Short stories, German—Germany (East)
5. Women—Germany (East)—Fiction. I. Weedon, Chris.
II. Series: Blackwell German texts.
PT3740.F73   1988   833'.914'0809287   88–10392
ISBN 0–631–15789–1 (pbk.)

Typeset in 10 on 12pt Garamond
by Cambrian Typesetters, Frimley, Surrey
Printed in Great Britain by
Billing & Sons Ltd, Worcester

CONTENTS

PREFACE

In the GDR, as in the West, the postwar years have brought radical changes in the position of women in society. Women have taken their place in work and public life and have developed new expectations about what life should offer them. These expectations have led women to question the type of jobs they do, their under-representation in positions of power, and the ways in which these issues relate to a division of labour by sex. This sexual division of labour is seen to rest on traditional and outmoded ideas about women, inappropriate in a socialist society.

Family life is a central concern of GDR women, particularly the problem of combining domestic roles with work outside the home. This problem promises to remain unsolved while men and women continue to assume that women are primarily responsible for the home and children. A further concern of GDR women is how men and women relate to one another, in the home, at work and sexually. These problems are key themes of women's writing in the GDR, and this writing is one of the most interesting developments in recent German fiction.

Changes in women's role, status and expectations are still in process in the GDR. The problems and contradictions with which this society is having to come to terms are in many ways similar to those produced by changes in western gender roles. However, this is a society built on economic, social and political assumptions different from those found in the West. Women's position and aspirations in the GDR can best be understood by exploring this difference, a task undertaken in the introduction to this anthology.

Die Frau in der DDR is a selection of women's writing which gives the flavour of what it means to be a woman in the GDR. It

highlights the social problems which have long been a feature of
women's writing and which have become more central to GDR
fiction in recent years. Occasionally the stories in this volume may
seem linguistically difficult, owing to the specialized social and
political language which has developed in the GDR since 1949.
However, full notes are provided to guide the reader, and the
anthology begins with an essay on the position of women, cultural
politics and women's writing. This introduction also offers a guide
to the individual stories.

I wish to thank David Jackson, Peter Foulkes, Liz Screen and
Peter Hutchinson for their helpful comments on the introduction,
notes and vocabulary, and the many people in the GDR with whom
I have discussed the issues.

Chris Weedon

ACKNOWLEDGEMENTS

The editor and publishers are grateful to the following for permission to reproduce the stories, interviews and extracts in this anthology:

The Luchterhand Verlag and the Aufbau-Verlag Berlin and Weimar for *Dienstag, der 27. September*, by Christa Wolf, from *Gesammelte Erzählungen*, copyright ©1981 by the Luchterhand Verlag, and *Erzählungen*, copyright ©1985 by the Aufbau-Verlag Berlin and Weimar; Elfriede Brüning for *Himmel auf Erden*, which first appeared in *Neue Deutsche Literatur*, no. 4, 1974; Buchverlag der Morgen for 'Lena K.' and 'Susanne T.' by Maxie Wander, from *Guten Morgen, du Schöne*, copyright ©1975 by Buchverlag der Morgen; and the Aufbau-Verlag Berlin and Weimar for extracts from *Leben und Abenteuer der Trobadora Beatriz nach Zeugnissen ihrer Spielfrau Laura*, Viertes Buch, Kapitel 17–20, by Irmtraud Morgner, copyright ©1981 by the Aufbau-Verlag Berlin and Weimar, for *Bolero*, from *Meine ungehörigen Träume* by Helga Königsdorf, copyright ©1978 by the Aufbau-Verlag Berlin and Weimar, and for *Der Zweite*, by Helga Königsdorf, from *Der Lauf der Dinge*, copyright ©1983 by the Aufbau-Verlag Berlin and Weimar.

INTRODUCTION

In the West the role of women, femininity and masculinity have been key social issues since the late 1960s when the most recent wave of feminism came into being. 'Feminism' can be defined as a concern to improve the social, economic and political rights of women. It involves a fundamental questioning of all assumptions about what it means to be a woman or a man, and of all divisions of work, power and influence which take biological sex as their basis. Feminism is concerned with what has come to be known as *sexual politics*.

Sexual politics rest on certain key distinctions between sex and gender, and nature and culture. Sex is a biological distinction made on the basis of anatomical difference. Gender refers to the social and cultural meanings which are attached to sexual difference in any society. For example, western cultures often assume that women are more intuitive, passive, sensitive and less rational than men. In the nineteenth century these assumptions were used to exclude women from education, the professions and the ownership of property. Assumptions about women's and men's natures involve value judgements which can be seen to have changed over time and which vary between different cultures. At issue is what is natural and therefore unchangeable, and what is social or cultural, and therefore open to change.

In the West there are many different views of women's nature and of the degree to which femininity and masculinity are *socially* produced and thus changeable. Feminists argue against social definitions of women which entail fewer rights and opportunities for women than for men. In the GDR, however, the official social theory, *historical materialism*, sees human nature as an historical and social product. The division of labour by sex, according to which women are suited to domestic tasks, childcare and similar types of work outside the home, such as the caring professions, is seen as an historical development rather than as naturally given. The socially subordinate position of women in the family, at work and in public life, which characterizes capitalist societies, is therefore not regarded as natural. In theory this means that there should be no limits to the possibilities for women's emancipation. This book is concerned to explore the degree to which this is the case by considering examples of recent women's writing from the GDR.

Ideology and the State in the GDR

The GDR is a society which in many ways differs fundamentally from the western world. Differences are to be found in the organization of the economy and of political and social life. In the West, the economy, the political systems and the range of institutions (such as education and the media) which shape social life are 'pluralist'. This means that they take more than one form. Most western economies, for example, involve a mixture of public and private ownership of industry, as well as of monopoly and competition. Manufacturing and service industries compete with each other for a share of the market. This is necessary for their financial success. Moreover, the creation of fresh markets for new consumer goods and services is an industry in itself. In the GDR, industry is almost exclusively owned and controlled by the state, and the economy is planned centrally. Five-year plans drawn up in advance determine, for example, necessary raw materials, skilled labour, levels of production and type of product. While there is some private ownership of small businesses and a number of co-operatives, particularly in agriculture, centralized planning is the norm.

The political system in the GDR is also very different from systems found in the West. It involves conceptions of 'democracy', the 'individual' and 'freedom' different from those to which we are accustomed. While the GDR has a parliament and elections, these are quite unlike western models of political democracy. In the West, emphasis is placed on the freedom of choice of the individual. This freedom includes the chance to choose governments from competing political parties which represent different interests and have different manifestos. In the GDR it is assumed that the people as a whole have common interests. These are those of the working class and they are represented by the Socialist Unity Party – *Sozialistische Einheitspartei Deutschlands* (SED). While different interest groups have their own political parties and mass organizations to represent them, (there are, for example, five political parties and four mass organizations, including the Women's Democratic Federation of Germany), these organizations form a *Nationale Front* which has a common political programme and puts forward an agreed list of candidates in elections.

Western understandings of 'freedom' stress the freedom of the individual to do what he or she wants – within the bounds of the law. Central to western notions of freedom, for example, is the right of the individual to speak his or her mind, to read freely, to travel without restriction and to live and work where he or she chooses. In the GDR the emphasis is different. Freedom is understood to mean freedom *from* a range of things which are seen as inherent aspects of capitalism, at least for large sectors of the population. These include freedom from unemployment, inferior education, bad health and housing. Each of these freedoms entails duties and responsibilities towards the state, which provides education, work and social welfare.

Behind these differences between the GDR and the West lies a particular theory of history, economics and social development known as 'Marxism–Leninism'. The form of Marxism–Leninism found in the GDR rests on a particular interpretation of the writings of Marx, Engels and Lenin developed in the first instance in the Soviet Union. Until 1933, the year in which the Nazis 'seized' power, Germany had strong social-democratic and communist traditions, both of which were important in the Weimar Republic. After 1933 active social democrats and communists were arrested and put into concentration camps, or they went underground or into exile. In 1945, at the end of the war, Germany was divided into four zones of occupation, American, British, French and Soviet, each under military government. In the Soviet Zone of Occupation, which would become the GDR in 1949, an attempt was made by the Soviet Military Administration to reestablish socialist aspirations and to develop the material prerequisites for socialism, for example, the transformation of capitalist economic and social structures. This task was undertaken with the help of German communists, many of whom had spent the years of the Third Reich in exile in the Soviet Union.

According to official Marxist–Leninist theory, known as *historical materialism*, history is marked by a progression from less developed economic and social systems to more developed ones. For example, economies based on slavery may, as in the West, develop into feudalism. There, gradually, as manufacture and trade expanded, feudalism was transformed into capitalism. Capitalism is regarded as the existing economic system in the West, while in Eastern Europe and some non-European countries capitalism has already given way to what is seen as the next historical stage, socialism. Eventually socialism will develop into communism, in which, in the words of the *Manifesto of the Communist Party*, first published in 1848, 'In place of the old bourgeois society with its classes and class antagonisms, we shall have an association in which the free development of each is the condition for the free development of all' (K. Marx and F. Engels, 1981 edition, p. 70).

According to Marxist–Leninist theory, the historical development from one economic and social system to another is brought about by class struggle. Social class is an objective factor determined mainly by the relation of the individual to the means of production. Under capitalism, for example, there is a fundamental antagonism between those who own the means of production (factories, capital, raw materials) and can live from unearned profit, and those who have only their ability to work. According to Marxist theory, this antagonism will eventually result in social revolution and the establishment of a socialist society.

The GDR sees itself as a socialist society in the process of transition to communism. While it still has social classes, these are said to be no longer antagonistic to one another. The fundamental interests of all social classes are assumed to be those of the working class, as defined by its political organ, the Socialist Unity Party (SED). Nevertheless the degree to which ordinary people in the GDR accept Marxist–Leninist theory varies. Many are sceptical of aspects of it, others reject it completely. This does not mean, however, that they are necessarily hostile to the system of government.

Since 1949, the year in which the German Democratic Republic was founded as a sovereign state with its own system of government to replace the Soviet Military Administration, a new set of socialist values and assumptions has been established. To a large extent these have replaced both values inherited from the past and those incessantly broadcast to the GDR by the West German media. Education, culture and the media have played an important role in the dissemination of socialist ideology. So, too, have the range of social and political organizations supported by the state, such as the Free German Youth Movement, the Confederation of Free German Trade Unions, the Women's Democratic Federation of Germany, the League of Culture, and the political parties. While most people in the GDR nowadays criticize various aspects of their state, for example, censorship and the restrictions placed on travel, they also express support for the values and aspirations of socialism, seeing them as morally superior to those of capitalist societies.

The Position of Women in the GDR

All the important writers of the socialist tradition have emphasized that the true emancipation of women is impossible under capitalism. Marx himself wrote that 'social progress can be measured exactly by the social standing of the fairer sex' (quoted by Harry Shaffer, *Women in the Two Germanies*, p. 8). In *The Origin of the Family, Private Property and the State*, Engels argued that women's emancipation would be achieved through their direct involvement in productive work outside the family. The Marxist–Leninist tradition, like the original writings of Marx, Engels and Lenin, has tended to assume that emancipation is founded on economic rights and that the private sphere of family life will look after itself. This assumption has had the result of perpetuating a long-established traditional division by sex of labour within the family. In turn this division has extended to work outside the home. Thus women 'naturally' take primary responsibility for running the household and for children, as well as working outside the home mainly in traditional female occupations such as teaching, the caring professions, service industries and low-skilled manufacturing jobs. Primary responsibility for domestic arrangements, together with lower paid jobs and lower status outside the home are features of women's lives in both the GDR and the West.

Women in the GDR have had legal rights to equality since the

state was founded in 1949. The constitution guarantees equal
opportunity, pay and conditions. In the early years, the Women's
Democratic Federation of Germany – *Demokratischer Frauenbund
Deutschlands* (DFD) – had an important role to play in the shaping
and implementation of equal rights legislation, and over the years
progress has been made towards greater equality between women
and men. In spite of this, statistics show that, on average, women in
the GDR still earn less and exercise less economic and political
power than men. They tend to be employed in less well-paid jobs
and are under-represented in politics, management and public life.
It needs to be said, however, that the imbalances between the sexes
in all these areas are by no means so marked as in the West.

In 1968 the state gave legal recognition to the need to address the
persisting inequalities between women and men, both inside and
outside the home, by introducing laws which provide for positive
discrimination towards women. However, as is now widely
recognized, it is not possible to bring about equality by legal means
alone. Long-established attitudes and beliefs about women and men
and their appropriate spheres of influence are not changed
overnight. Moreover, redefinitions of family life and relations at
work require change *on the part of men* as well as women. These
changes mean greater responsibility for men in the home as well as a
willingness to work under women outside the home.

Although men's attitudes are changing, and although there are
marked generational differences in attitudes, many men in the
GDR, like their counterparts in the West, find existing imbalances
to their personal advantage. A recent volume of interviews with
men in the GDR, *Männerprotokolle*, published in the West under
the title *James Dean lernt kochen* (Christine Müller, 1986), offers
ample evidence of the unwillingness of many men to recognize the
need for change and of the difficulty of changing attitudes and
practices without transforming the existing structures of work and
family life. Social change requires a positive commitment on the
part of individual women and men in their personal lives, as well as
in social institutions like education, the media and the workplace, in
addition to direct legislative measures.

In the GDR, both women themselves and the state expect women
to combine a career with family life. Housework in itself is not
recognised as 'work', although a minority of women do choose not
to work outside the home. The state has a material interest in

promoting not only women's full participation in the economy but also stable family life. The consistent shortage of labour in the GDR since 1949, combined with official policy on the emancipation of women, ensured that provisions were made to enable wives and mothers to work outside the home. Employers are legally bound to draw up a plan for the positive promotion of women – a *Frauenförderungsplan* – to encourage the further training of women. Married women and single women over 40 are also granted time off from work for domestic chores. This amounts to one day a month. The fact that this *Haushaltstag* is not usually open to men, however, points to certain expectations on the part of the state about who should fulfil basic domestic responsibilities.

Unlike in the West, family life in the GDR is not seen as the private concern of individual couples. The state has economic and ideological interests in the promotion of family life. It both wishes to secure a reasonably high birth rate and to ensure that children are socialized in accordance with Marxist–Leninist beliefs and values. According to the Family Legal Code of 1966, marriage and the family are subject to special state protection. A low birthrate – a feature shared with the Federal Republic – has given rise to increasingly generous state help with children. Maternity leave provisions are extremely good by western standards. New mothers, fathers, or in some cases grandmothers, can take up to a year's paid leave for each child. Mothers are entitled to a maximum of three years' leave in cases where nursery facilities are not available. In addition to this, mothers receive a birth grant of 1,000 marks per child, as well as child benefits and income tax relief. As an added incentive to early marriage and childrearing, interest-free loans of 5,000 marks are available to young couples under 30 for household necessities. On the birth of the first child 1,000 marks are deducted from the amount to be repaid. A deduction of 1,500 marks is made for the second child, and the balance is wiped out if a third child is born within eight years of the loan. These provisions have had a marked effect on the age at which women marry and bear children.

Although the state is anxious to promote family life, it does not do so at the expense of individual choice. Contraception is free, while abortions can be had at will during the first 12 weeks of a pregnancy and with full state sickness benefits. After 12 weeks a medical, ethical or social reason is required for an abortion. While couples may live together if they so choose, the norm is to marry.

On marriage, couples are required to assume the same surname, either that of the man or the woman, and are treated as a single unit for the purpose of welfare benefits.

The divorce rate in the GDR is high, perhaps due in part to the economic pressures on people to marry young. Divorce is an easier option for GDR women than for many women in the West, since women are guaranteed financial independence and state childcare facilities. Divorce is granted on the grounds of irreconcilable breakdown without allocation of blame, but the courts are required to attempt to bring about a reconciliation where possible. In divorce cases custody of the children is almost always awarded to the mother. This is a pointer to deeply held social assumptions about who is best made responsible for childcare. The law specifies that women and children should be equally well treated whether the mother is married, divorced or single. The rate of remarriage is also high in the GDR. It is widely assumed that the nuclear family is the natural way in which to live, and neither the social nor ideological preconditions exist for alternative communal modes of living.

Inequalities between women and men do still exist in the workplace and in public life in the GDR. However, the legal, social and economic position of women is better than that of most women in the West and, as such, would seem more likely to create the preconditions for true emancipation. Emancipation, however, can only be realized when there is a redefinition of the roles of women and men within the domestic sphere. The state is committed to this, avoiding, for example, the conflicting views of motherhood found in state policy in the West. (The western assumption that working mothers are bad mothers is one example of this). Nevertheless, surveys show that women still perform about 80 per cent of household chores and take overall responsibility for households and children. It is the continuing need to transform this sphere of personal life that has caused women writers in particular to raise questions similar to those which motivate the western women's movements.

Although western women lack many of the social advantages granted by right to women in the GDR, and although women's movements in the West are still campaigning for full social equality and childcare provisions, the power relations structuring personal and domestic life were the most important starting point of western women's liberation. The most recent wave of feminism began in the late 1960s. Its central aim was and continues to be to politicize personal life, starting with the need to transform assumptions about the relationships between women and men both within and beyond the domestic sphere.

Over the last 20 years feminists have campaigned for equal pay, equal rights, childcare provisions and free abortion and contraception. Equally they have campaigned against many other issues, such as violence against women. The politics of the personal, however, are seen as central to all these issues. In the GDR many of the demands of western women's movements have already been met by legislation, and there is little official sympathy for the politics of the personal, which is at the heart of western feminism.

The official women's organization in the GDR, the *Demokratischer Frauenbund Deutschlands*, founded in 1947, has as one of its aims the encouragement of women to participate more fully in public life, work and the community. The DFD has 32 delegates in parliament and about 18,000 branches with members in both urban and rural areas. Branches are organized on a community basis and do not extend to the workplace, where women's issues are the province of the trade unions. Its activities include the discussion of political, social and economic issues, advice centres, education (for example, cookery and childcare classes), and the organization of leisure pursuits such as embroidery circles. Like all the mass organizations in the GDR, the DFD is involved in fund-raising for Third World socialist states and in the ideological work of spreading socialist ideas and values as defined by the SED. In effect, the DFD is most active among housewives and retired women, where most of its activities tend to reconfirm, rather than challenge, the sexual division of labour, since they teach women how to cope better with their social role.

The idea, central to western feminism, that gender is socially constructed and that existing norms of femininity and masculinity are real political problems standing in the way of desirable social change is marginal to the DFD. While its cookery classes are, for example, open to men, its leisure activities tend to reinforce a traditional culture of femininity found also, for example, in the pages of the general reference book for women, *Kleine Enzyklopädie, Die Frau*. The most recent edition of this book (edited by Irene Uhlmann) was published in 1987, and it includes a range of information on women, the family, domestic labour and leisure pursuits which assumes that GDR women still occupy traditional spheres of interest and responsibility. Despite the book's explicit Marxist theoretical perspective which stresses that gender is socially constructed, it reinforces a sexual division of labour and suggests, among other things, forms of dress, beauty care and behaviour which reinforce traditional modes of femininity.

As elsewhere in GDR society, there is a considerable gap between theory and practice where attitudes to femininity and masculinity are concerned. In addition, the fact that in West Germany socialist feminism is weak and that it has been radical, separatist feminists who have argued the case most strongly for new norms of femininity, has not helped the debate in the GDR. None the less, unofficial women's groups have sprung up under the auspices of the Evangelical Church, which offers a space for radical debate of issues such as gender politics, homosexuality, nuclear power and peace not found in any officially sanctioned organizations outside the church.

Yet if official organizations in the GDR have shown little interest in sexual politics in their western guise, this is not true of all GDR women. Women writers, in particular, have long been concerned with the problems of women's dual role as wife and mother on the one hand and waged worker on the other. More recently, femininity and masculinity have come in for greater scrutiny. Thus, while GDR women writers are careful to dissociate themselves from western forms of radical feminism, increasingly they are stressing the importance of those issues which have been central to western feminism. One of the key themes of recent women's writing in the GDR is, for example, how far emancipation can be realized without a transformation of the assumptions, values and everyday practices that govern family life and day-to-day interpersonal relations between women and men. This has led to the questioning not only of the sexual division of labour, but of traditional norms of femininity and masculinity and modes of relating. In this respect GDR women's writing is posing questions not unlike those raised by feminists in the West.

The Role of Culture in the GDR

In the West, governments do not concern themselves directly with cultural theory or the form which cultural practice takes, although the level and nature of state funding of the arts are inevitably determined by particular value judgements. Cultural theory is the prerogative of professional critics and institutions such as the academies and the universities where a range of theories of culture, each of which implies a different understanding of the ideological role of literature and the relationship between literature and society, are in competition. Most cultural theories suggest that fiction produces a special sort of knowledge about life. This knowledge ranges from reflections of social reality, on the one hand, to expressions of the unique individuality or psyche of the author and to universal truths about human nature on the other.

In the GDR all culture, including literature, is understood in terms of Marxist–Leninist theory. Culture is always seen as the product of a specific social and historical context, reflecting the interests and values of a particular class. Writers in all periods belong to social classes and align themselves with specific class interests. Everything a writer produces reflects these interests. No work of culture can be neutral or objective. According to Marxism–Leninism, historical materialist science is the only method of analysis which can produce objective knowledge. Fiction, like all other forms of communication, is necessarily political and cannot escape the arena of cultural politics – *Kulturpolitik*.

Kulturpolitik

From an official standpoint, *Kulturpolitik* includes several areas of concern. The first of these is material cultural provision, for example, finance and accommodation for both professional and amateur arts. Secondly, the state provides guidelines on positive discrimination towards particular social groups, for example workers, youth and soldiers, in order to encourage active participation in the arts and the creative use of leisure time. Thirdly, the state provides official guidelines on what constitutes acceptable cultural products. In the field of literature this is done through state control of publishing and distribution and through the official writers' association, the *Schriftstellerverband der DDR*. Like all culture, fiction is seen as important to the development of a socialist consciousness and values, and for this reason it is subject to censorship. In order to be acceptable, texts must promote the development of socialism and, if they are critical of aspects of GDR society, their criticism must be constructive.

From a western analytical standpoint cultural politics in the GDR need to be understood more broadly than official definitions of culture. Cultural politics include not only what the state determines but also the ways in which official guidelines have been received, challenged and modified by writers', critics' and readers' expectations. State policy for the arts in the GDR has gone through various phases since 1949. In part these shifts have been determined centrally; in part they have resulted from the constant struggle by writers and critics to expand the limits of what is acceptable. Degrees of liberalism in publishing have depended on external factors, such as the extent to which the state has felt secure.

For example, the building of the Berlin Wall in 1961, which sealed the border with the West and stemmed the tide of qualified people leaving the GDR, had economic consequences which increased internal security. The tendency of people who had been educated at great cost to the state to leave for a better paid life in West Germany had been a drain on the economy of the country and threatened to ruin it completely. Once the border was sealed, GDR citizens had no choice but to stay, and the state began to show greater tolerance of criticism from all quarters. The promotion of ideological commitment to the system was no longer as central to the economy as it had been when it was a factor in keeping skilled people in the country. Similar liberalizations occurred after the signing of the Four Power Agreement on Berlin in 1971, which was followed in 1972 by a treaty with the Federal Republic and recognition by western powers of the sovereignty of the GDR. More recently, censorship was tightened as a result of events in Poland. Since Gorbachev came to power, however, intellectuals have been vesting great hopes in the effects of *Glasnost*, the Soviet policy of greater openness.

Soviet cultural policy was in many ways the model for organizational developments in the GDR. In 1945 the Soviet Military Administration did much to revive non-fascist cultural production and to reestablish a cultural tradition based on classical German literature, Soviet writing, German exile writing and western 'humanist' literature. (Humanist literature is fiction which places men and women at the centre of the social world from which they make history by their actions. If they are enlightened individuals, then the social change which they instigate will be progressive.)

In the promotion of new writing, the key concept was *socialist realism*. This form of writing, which had been defined in the Soviet Union at the Soviet Writers' Congress in Moscow in 1934, was expounded for German-speaking audiences by the Hungarian Marxist critic, Georg Lukács. In its classic form 'socialist realism' refers to a form of realist writing, modelled on nineteenth-century texts by writers like Tolstoy and Balzac. Nineteenth-century realism was a historical movement in the visual arts and literature which aimed to create the effect of an objective and impartial representation of the real world. Realist effects, however, are achieved by particular formal strategies of narration, description and characterization which are no less fictional than non-realist forms of writing, such as romanticism or modernism.

Socialist realism uses stylistic techniques similar to those of nineteenth-century realism. However, it must be written from within a socialist society and draw on direct experience of socialism. It must also reflect a Marxist–Leninist standpoint. In the 1950s and early 1960s socialist realism implied narrow formal criteria. The text was to be a realist narrative in which a hero or heroine was expected to show the reader how the problems of a developing socialist society might be resolved in a constructive way.

In the early 1950s the Central Committee of the SED, which is the elected body responsible for implementing party policy decided at the five yearly party congresses, judged that new fiction was not playing its part in the construction of socialism. This role was to create a socialist consciousness in its audience, motivating them to work harder for the construction of socialism. The party assumed an unrealistically direct relationship between fiction, consciousness and daily life, and this led to a crusade against all forms of writing that did not adhere to socialist realist criteria. Non-socialist–realist texts which supposedly privileged form over content were branded as 'formalist' and were considered unsuitable.

In 1959 an additional cultural political strategy was introduced, the *Bitterfelder Weg*. This took its name from a conference, organized in Bitterfeld by the Mitteldeutscher Verlag, at which the stragegy was initiated. (The Mitteldeutscher Verlag is the GDR publishing house most concerned with promoting new, contemporary fiction.) The aims of the *Bitterfelder Weg* were to overcome the gap between the working class and the intelligentsia and to promote new writing which dealt with the concerns of agricultural and industrial workers. Writers were urged to spend time in factories or collective farms working with teams of workers, *Brigaden*. This was to ensure that writers had the direct experience necessary to write novels relevant to the working class. Furthermore, workers were encouraged to form amateur worker–writer circles, the *Zirkel Schreibender Arbeiter*, where they would write fiction in the supportively critical environment of a group led by a professional writer. The first story in this anthology, *Dienstag, der 27. September*, dates from this period.

In the course of the 1960s the Bitterfelder policy ceased to be central to literary cultural politics, though aspects of it, such as worker–writer circles and links between individual writers and industrial and agricultural workers, remain to this day. The formal criteria of socialist realism were challenged and transformed by new, controversial fiction, often published after considerable argument with the censors. Official recognition that socialist realism should not be limited to particular formal criteria came with party chairman Walter Ulbricht's address to the second Bitterfeld Conference in 1964: 'Für uns ist der sozialistische Realismus aber kein Dogma, keine Ansammlung von Vorschriften, in die man das Leben zu pressen habe. Die realistische Methode ist historisch entstanden und sie entwickelt sich weiter.' (Fischbeck, *Literatur und Literaturpolitik*, p. 84)

In 1965 Erich Honecker, the present-day leader of the SED, commented that the party was not against the representation of conflicts and contradictions produced by the process of constructing socialism. The key question was the standpoint of the writer and the political and aesthetic evaluation of the reality of GDR society. From then onwards the cultural political debate shifted from whether or not a text was socialist realist, to whether texts were constructively critical.

Interpretations of what constitutes constructive criticism have varied over the last two decades, and liberalization has often been brought about by fierce debate in newspapers and journals over controversial texts such as the work of the GDR woman writer, Christa Wolf. The depiction of social problems in fictional texts has been the focus of this debate. At issue is whether particular works of fiction show problems as resolvable from within the socialist system, or whether they imply that this system is unable to fulfil legitimate expectations. Different critics have often read the same text in radically different ways, disagreeing about whether novels are constructively or negatively critical.

More than fictional representations are at issue in these debates. They are concerned with the very nature of a socialist society and the role of the individual in this society. Literary debate in the GDR has an importance unequalled by any cultural debate in the West. It has become an arena for the discussion of controversial issues which find no place in the national press but which emerge in the work of writers of fiction and documentary literature. As a result of this, new fiction has a large and interested audience.

Ordinary readers in the GDR may find it difficult to buy controversial literary texts in the bookshops, since the print runs are never large enough to satisfy the market and since libraries account for a large proportion of sales. However, factories and local communities have good library facilities and library borrowings of GDR fiction are very high. Interest in new fiction among people who do not follow literary debates (in the review pages of the national press and specialized journals) is often created by public readings. These are organized both by the various mass organizations, particularly the cultural committees of the trade unions, by the Writers' Union, and by the Evangelical Church, which often hosts readings by more controversial writers whose work is not endorsed by the Writers' Union. The latter organization, which was founded in 1952, expects its 800 or so members to contribute through their work towards the strengthening of the GDR according to SED policy. Not all writers are members, but those who are enjoy certain privileges in return for their support for the state. These include grants and travel opportunities and even pensions.

Women's Writing

GDR fiction has included women among its authors since the state was founded in 1949. Anna Seghers, for example, was one of the key writers of the immediate postwar years. In the 1960s Christa Wolf, Brigitte Reimann, Sarah Kirsch and Irmtraud Morgner were among the more influential writers of the new generation. Since the early 1970s, however, women writers have made a greater contribution than ever before to GDR fiction, raising questions about gender and other social issues which have provoked an enthusiastic response among readers. Their work is concerned with redefining female emancipation in ways which allow time for both professional and family life, with the persistence of outmoded attitudes to women, marriage and sexual relations, and with the problems of neglected groups such as the old and the handicapped.

This anthology includes a story by one writer, Elfriede Brüning, who began her career in the communist Federation of Proletarian and Revolutionary Writers at the end of the Weimar Republic, spent nine months in prison under the Nazis and then went into what is known as *innere Emigration*. (This meant remaining in Germany but refusing to have anything to do with the Nazis.) Elfriede Brüning re-emerged as a writer in the postwar period. Her work has shown a consistent concern with the problems of single mothers, older women and children.

Christa Wolf and Irmtraud Morgner belong to the immediate postwar generation of new writers who, although born under the Nazis, studied in the early years of the GDR and have been publishing since the 1960s. Helga Königsdorf belongs to a more recent generation which has produced increasing numbers of women writers, most of whom published for the first time in the 1970s, often after early marriages and years spent raising children. Yet across the generations these writers share a concern with the conflicts produced for women by the often contradictory demands of work, family and political life.

The collection of interviews with GDR women, edited by Maxie Wander, two of which are included in this anthology, created a huge stir when *Guten Morgen, du Schöne* was first published in 1975. Maxie Wander, who has since died, was an Austrian citizen who lived in the GDR. Her frank and open interviews brought the areas of sexuality and interpersonal relations into the arena of open public discussion, creating a space for the work of fiction writers like Helga Königsdorf, for whom sexuality is a key concern. It also opened the way for more documentary literature about everyday life and attitudes in the GDR. This included the volume based on interviews with men, *Männerprotokolle*, edited by Christine Müller and published in 1986.

One of the most important problems facing women in the GDR is already to be found in the first story in this anthology, Christa

Wolf's *Dienstag, der 27. September* (1960). It is the issue of family life and the conflicts which women experience as a result of their dual role as mothers and wives on the one hand, and paid workers, often also involved in social and political activities, on the other. As is clear from many of the stories in this volume, these conflicts have yet to be satisfactorily resolved. At best, individual women strike compromises which most often involve privileging one role over another. This may be achieved on a day-to-day basis whereby children may, for instance, have to be given priority when they are ill, or it may involve fundamental choices about children, husbands and careers.

It is clear, however, from many conversations with women in the GDR, as well as from women's writing, that more satisfactory ways of balancing the different demands made on women require a greater willingness on the part of men to take responsibility for domestic tasks and childcare. While many women have husbands who will do what they are asked, the planning of and responsibility for family life remains exclusively with women. As a result of this, some women have gone so far as to say that life as a single parent is preferable to coping with child *and* husband.

Married and single mothers both have access to creche and kindergarten facilities. For many families this is a satisfactory way of coping with work and children. However, sick children have to be cared for at home, and as Elfriede Brüning stresses in her stories about single women, children and careers, *Partnerinnen* (1981), not every child is suited to a kindergarten:

> Sensible Kinder sind empfindsamen Pflanzen ähnlich, die nur in gleichmäßiger Wärme, unter der liebevollen Pflege immer derselben Hand, wirklich gedeihen, wobei es gleichgültig bleibt, ob diese Hand männlich oder weiblich ist. Aber welcher Vater stellt seinen Beruf zugunsten der Kinder zurück, wie man es ganz selbstverständlich von den Müttern verlangt? (p. 280)

The other central theme to emerge from recent women's writing is the question of what constitutes satisfactory relations between the sexes – both generally and in the particular area of sexuality. Irmtraud Morgner, for example, argues that the latter is indicative of the state of gender relations more generally. Thus in *Leben und Abenteuer der Trobadora Beatriz nach Zeugnissen ihrer Spielfrau Laura*, a short extract of which is included in this anthology,

Morgner suggests that the time has come to transform old assumptions about femininity and masculinity and to develop a new, more equal socialist sexuality. These themes have been taken up and further developed in her more recent novel *Amanda. Ein Hexenroman* (1983).

The two extracts from *Guten Morgen, du Schöne* and the stories by Helga Königsdorf both offer insights into the problems of relations between the sexes, particularly where sexuality is concerned. Like Irmtraud Morgner's work, Helga Königsdorf's stories highlight the perpetuation of traditional pre-socialist attitudes to women as sexual partners and the double standards applied to women and men where sexuality is concerned. All the stories included in this anthology, however, take for granted the basic legal guarantees of equality which have long existed in the GDR and are concerned with the realization of equality at the level of day-to-day living.

Dienstag, der 27. September (1960)

This story is an autobiographical evocation of a day in the life of a woman writer. It offers vivid sketches of everyday life in the GDR together with reflections on women, children, the conflicts between domesticity and professional life, literature, the writing process and the problems of industrial production. The events of the day are depicted chronologically and consist of a succession of domestic and professional tasks and obligations which take the narrator from the kitchen to the doctor's surgery to the factory, where she spends time with a group of workers, a *Brigade*, both to learn about factory life and to encourage the workers' interests in culture. The day ends once again in the home.

The structuring theme of the story is the impossibility – given the constraints of daily family life – of the narrator doing both those things demanded of her professionally and of writing fiction. The story places the responsibility for childcare firmly with the mother, and it is her writing and leisure that must be sacrificed to the children's needs. Thus, while she gets her elder daughter ready for kindergarten, her husband reads Lenin's letters to Gorki. It is she, as mother, who assumes sole responsibility for the preparation of a children's birthday party. Nowhere is her husband shown to help domestically. The events and demands of the day mean that she is not able to find the time to write anything. In spite of having done other things, she is left at the end with a sense of having achieved nothing.

In describing her day, the narrator projects a set of social values which take account of the needs and feelings of individuals while keeping sight of the broader tasks of constructing a socialist society. Young children are portrayed as the most vulnerable members of society. Yet the qualities which they express, imagination and belief in good, are presented as both important and in need of care and encouragement. This is made clear in how the narrator treats her own children and in the criteria by which she judges the children's essay competition. Children, none the less, are exposed to the influences of society at large – even her four-year-old daughter knows about bombs. Family life is but one important side of socialization.

Aspects of life in the GDR are depicted at the surgery, in the tram and at the factory. In each case the focus is on social values described through the conversations of the people concerned. The narrator's own comments suggest how these do or do not relate to socialist values. The scene in the doctor's waiting room, for example, is a direct comment on the assumptions of many ordinary people that anything which comes from the West is by definition superior to GDR products and that the lucky people in the GDR are those with relatives in the West. It is only when the woman learns that her expensive cardigan is not *Westimport* that she concludes that it will none the less keep her warm. Unwillingly she finds her way to a different criterion of value. Similarly the narrator is critical of the values behind the unwillingness of the elderly couple on the tram to accept 10 pfennigs towards the cost of their tickets.

In the factory the reader gains an insight into the problems facing industrial workers in the early 1960s. Productivity is low owing to shortages of raw material. Failure on the part of the management to tell the workforce how things really are leads to frustration and indifference. The atmosphere at work is also disrupted by personality conflicts and jealousy between members of competing brigades over bonuses and honours awarded to two workers for their time and labour-saving device. None the less, in the course of the party branch meeting described here, conflicts of personality and individual interests are placed second to the need to co-operate and help each other.

Throughout the story there are references to attitudes to women in the GDR at this time. We learn, for example, that there is still a strong preference for boys on the part of many new fathers and that a worker is angry and embarrassed at his wife's aggressive response to sexual harassment rather than at the harassment itself. We are shown that women are still marginal in the industrial context and that this is recognized unwillingly as a problem by men. The factory workers talk about women without sympathy or understanding and are not keen to break down the private–public divide by inviting their wives to factory functions like the defence of their production plan.

Dienstag, der 27. September was written at the time of the *Bitterfelder Weg*. This is clear from the narrator's involvement with the workers' brigade in the factory and from the discussions which the narrator has with her husband about the social role of literature, censorship, and her own writing. While the social role of literature is to contribute to the construction of a socialist society, Lenin, it is argued, recognized the place of fiction, even where it was politically reactionary. Rather than suppressing such work, he trusted the ability of the readership to draw their own conclusions.

The theme of tolerance of fiction which the state does not consider ideologically pure is linked in this story to the importance of subjective experience in writing. At the time when this story was written middle-class writers were being asked to write convincing realist fiction about industrial work. Subjective experience is, it is assumed, bound by class and social background. The narrator raises a central question, posed by the *Bitterfelder Weg*, as to whether it is necessary to distinguish between *kennenlernen* (becoming familiar with other walks of life) and *erfahren* (experiencing them from the inside). The implications of the references to Gorki and to the narrator's own work is that fiction requires the subjective experience of *erfahren* in order to carry conviction. Christa Wolf's concern with subjectivity, which is in her case feminine, has been a consistent theme of her later work. Her subsequent novels and short stories have continued to raise questions about women's position and about 'feminine' values in GDR society.

Stylistically *Dienstag, der 27. September* is close to *Reportage*, a form involving subjective documenting of events which is discussed in greater detail later in this introduction. It purports to be a factual account of a day in one woman's life, but its very mode, first-person narrative, stresses the subjective status of this account. Yet the sense of social values which the narrator is able to convey by her comments on the events of the day is strengthened, rather than weakened, by the text's subjective perspective. The direct address of the narrator lays claim to a subjective authenticity which is guaranteed by the social engagement of the writer in the day-to-day process of constructing a better society. There is no hint of social disaffection, and the general sense of commitment on the part of the narrator opens the way for critical comments about the social values of individuals.

Himmel auf Erden (1974)

Himmel auf Erden focuses on the question of social morality both towards society as a whole and more particularly within the family. The title of the story suggests a contradiction: heaven, after all, is by definition different from life on earth and cannot be realized here. It is fundamental to socialist ways of thinking that individual happiness and self-fulfilment should not be achieved at the expense of others. Individual happiness and success should be gained by working for the general good. Werner and Irmchen, whose personal interests determine the events of the story, lack all vestiges of socialist values and are effective representatives of petty-bourgeois mentalities and lifestyle. The term 'petty bourgeois' refers to a set of values and attitudes which was typical historically of the lower-middle class and which stresses the importance of individual enterprise, independence from the state, and social status guaranteed by traditional family relations and the private ownership of property. These values, which place individual interests before those of society, are seen in the GDR as quintessentially western, the product of capitalist social relations.

The story depicts the retirement years of a widow, Frau Grimma, who is living in the house of her son and daughter-in-law. It contrasts Frau Grimma's constant self-denial and basic humanity with the ever-increasing selfishness of her son and daughter-in-law. Isolated within the nuclear family, Frau Grimma becomes an unhappy victim of exploitation and loneliness. She does not live with her son from choice. She moves in with him as a favour, in order to prevent his having to accept other tenants who might report his illegal business practices to the authorities. In coming to live with Werner and Irmchen she gives up her independence, her friends, her privacy, her leisure and her powers of self-determination. She does not become an equal partner in the new household but a domestic drudge, subject to the whims and wishes of her son and his wife and never consulted even about her own living arrangements.

From the start it is clear that Werner and Irmchen have neither social conscience nor concern for the happiness of their parent. Before the sealing of the border with the building of the Berlin Wall in 1961, Werner's business relies on illegal imports from West Berlin. He fiddles his tax returns, taking what he can from the state and giving as little as possible in return. When he thinks that his prosperity is threatened, he wants to leave for the West, but is too late and he finds the border sealed. *Republikflucht* is looked upon as a very serious crime in the GDR. In spite of the severing of his connections with West Berlin, Werner prospers. His and his wife's lifestyle and values revolve around the acquisition of possessions at the expense of both their mother and their adopted son, Wolf-Dieter. They do not share their wealth and prosperity with either.

Himmel auf Erden is a realist narrative depicting Frau Grimma's life over a seventeen-year period from the age of 65 to her suicide at the age of 82. The effectiveness of the text relies on the relentless narration of a series of events which hurt and exploit Frau Grimma. She is gradually deprived of everything fundamental to basic human rights. Only her immediate bodily needs are met and she has to cater for these herself. She loses her privacy, independence and all human warmth, communication and understanding. At the same time she is made to feel that this is only right and just and that she must apologize for being alive.

This process of dehumanization is contrasted with the rationalizations put forward by Werner and Irmchen for their behaviour. These the reader hears voiced directly. Their patronizing tone towards Frau Grimma, the denial of her right to have a say in how she lives, and their increasing intolerance of her as she becomes less useful to them are clearly expressed in direct speech. The technique of allowing Werner and Irmchen to speak actively for themselves (while Frau Grimma's feelings are communicated by the third person narrator) highlights the latter's role as passive victim.

Living and working as they do outside any collective organization, Werner and Irmchen are not subject to the checks of a socialist system of values. While the text does not explicitly define or promote socialist values or a socialist lifestyle, it is clear that this would be the antithesis of that which is depicted in *Himmel auf Erden*. The 'objective' third person narrator, who observes and describes life in the Grimma family, does so from an implicit position of decency and moral responsibility towards both the individual and the state. Thus while the story has no ideal characters who might serve as role models for the reader, a sense of socialist morality is none the less evoked. A clear connection is made between the ideological position occupied by Werner and Irmchen, quintessentially individualist and petty-bourgeois, and their inhumanity within the confines of their own family both towards Frau Grimma and their adopted son. But whereas Frau Grimma sees no way out, other than suicide, there is hope for Wolf-Dieter who has contact with wider social organizations and rejects the petty-bourgeois values and future offered by his parents.

The exploitation of Frau Grimma in the story relies on the unquestioned primacy of familial ties and the unchecked privacy of domestic life. It is assumed by the neighbours that families care. Much importance is attached by Irmchen to external appearances, another petty-bourgeois preoccupation, which is the motivation, for example, for the eightieth-birthday party. Frau Grimma herself is a victim both of her age and increasing infirmity and of the lack of any outlet to whom she might legitimately speak of the psychological and emotional cruelty of her children. Her acceptance of the situation is in part the result of long years of hard work and traditional family life. Yet as the conditions under which she must live worsen, tolerance gives way to desperation and suicide, an indictment of the persistence of petty-bourgeois values within the family in GDR society.

Extracts from **Leben und Abenteuer der Trobadora Beatriz nach Zeugnissen ihrer Spielfrau Laura**, Book 4, Chapters 17–20 (1974).

This extract is taken from a long novel by Irmtraud Morgner which brings together the fantastic figure of a mediaeval female troubadour and a realist depiction of everyday life in the GDR. Beatriz de Dia is portrayed as a feminist poet who could not tolerate the sexism of mediaeval France and asked to be put to sleep until such time as patriarchy had been overcome. The role of the troubadour in mediaeval society was to produce and perform courtly love poetry. This poetry praised the beauty and virtues of married ladies of superior social status to the poet. It placed women on a fictional pedestal in a society in which they had no social power of their own. In mediaeval society women were the passive objects of courtly love, without the right to define the form which sexual relations should take.

Beatriz is awakened in France in 1968, during the student revolts, and in the course of the novel she arrives in the GDR in search of a society in which women are truly emancipated. Her views, questions and values, coming as they do from a world outside the GDR, serve to contextualize and explore the state of relations between the sexes inside the GDR. Arriving in Berlin she is befriended by Laura, a single parent, to whose background we are introduced in Chapter 17 of the novel.

Laura's lifestory is marked by events which highlight inequalities between the sexes – for example, an unwanted pregnancy and abortion at a time when it was still illegal in the GDR. The chapter describes how the impossibility of simultaneously caring for her subsequent child and writing her doctorate, while her husband pursues his career as a journalist, taking no domestic responsibilities whatsoever, leads to the child's death. After this Laura leaves her job at the university to become a building worker, her husband divorces her, and eventually she becomes a tram driver in Berlin.

Beatriz, whose expectations are determined by her experience of mediaeval courtly society, is looking for a *Spielfrau*, a woman to assist her in her role as troubadour. Of course there is no such job in the GDR, although, as Beatriz notes, writers do travel around the country reading from their works in factories and cultural centres. The term *Spielfrau* means nothing to Laura and she imagines it to be some sort of subordinate domestic role. The misunderstanding which ensues from this allows Laura to express her view that domestic responsibilities should be equally shared.

The following chapter addresses the inequalities and double sexual standards between women and men in the GDR. Laura relates an episode in a coffee shop in which she attempts role reversal both to highlight how men treat women and to show that men would not themselves put up with such treatment. Beatriz is appalled by the story, concluding that she has been awakened too soon from her 800 years sleep since women are still sexual objects for men rather than sexual subjects in their own right. In answer to this Laura describes sexuality as the last domain of male power in the GDR, but one which can and must be contested. She points to changes in male and female roles and declares that in the GDR everything is possible.

The style of *Leben und Abenteuer der Trobadora Beatriz* relies for its effect on contrasts and ironies produced by confronting an ordinary divorced mother in the GDR with a woman from the past who has high feminist expectations. The style is at once realist and unreal. Once one accepts the fictive possibility of Beatriz, a realist narrative can be successfully combined with fantastic elements in a way which allows the text to challenge many aspects of gender relations in the GDR without direct appeal to western models of liberation.

The politics of the novel are to engage with the present in order to make something better of it. When Beatriz finds that her expectations are not met in the GDR, her immediate response is the same as it was 800 years previously. She wants to opt out and go back to sleep. In answer to this Laura articulates a position which takes account of the realities of life in the GDR, not as fixed and given, but as the site for further struggle and transformation. The novel is quite explicit about those areas where women are not yet equal, but is at the same time optimistic and constructively critical.

Extracts from **Guten Morgen, du Schöne** (1975)

The next two chapters in this anthology contain *Protokolle*, transcripts of interviews, from Maxie Wander's *Guten Morgen, du Schöne*. This book was published in 1975 and since then *Reportage* and *Protokolliteratur* – forms of documentary writing – have become important strands within GDR literature. *Reportage* implies documentary styles of writing, written from the individual perspective of the narrator herself. It is the subjective experience of the narrator that guarantees the authenticity of the written text, which purports to be a genuine depiction of real life. In the case of *Protokolliteratur*, texts are based on interviews with individuals in which they are encouraged to express what they really think and feel.

Lena K., 43, Dozentin an der Hochschule für bildende Künste, verheiratet, drei Kinder

The interview with Lena K. articulates the contradictory nature of feminity in the GDR and highlights a range of issues where social values and expectations still need to be transformed, in order to bring about true emancipation. Lena presents herself in the interview as very self-aware and self-critical, demanding high standards in her political, professional and family life. She is a lecturer at a college of art, but also a representative on the local council. In expressing her beliefs and aspirations she uses a language similar to that of official policy on the individual, self-development and society. She insists on the need for individuals both to question constantly what they are doing and to take responsibility for how things are. She stresses her need to believe in what she is doing.

Lena's attitudes to femininity and masculinity are defined by a traditional notion of difference and polarity. All relationships involve power, and this power is seen by Lena as taking the form of either *dienen* (serving another), or *herrschen* (being in control of another). She argues that the individual should be capable of both these roles and is unable to see beyond them to the possibility of a transformation of this duality. Thus, when it comes to her perceptions of relations between the sexes she falls into the traditional romantic view of the ideal relationship. According to romantic conventions, the woman discovers herself and the meaning of her life in one unique and special relationship with a man. The man is strong, protective and sexual; the woman beautiful, passive and yielding. Lena's nightmare expresses her own inability to conform to romantic femininity and to hold onto her true love. In her dream the problem is lack of physical beauty. From the rest of the interview it is clear, however, that Lena's personality does not fit her for a traditional feminine romantic role.

Lena claims to have found her romantic ideal in Clemens, her first husband, who is long since dead. Her romantic image of Clemens becomes an implicit justification for the impossibility of her second marriage succeeding. In her marriage with Walter the power relations of domination and subordination which characterize romance are not transformed, but reversed. Indeed, role reversal within the confines of traditional gender role stereotyping is a strategy which Lena adopts in order to cope with her own dislike of conventional femininity.

In her account of her second marriage Lena describes how she dictates the terms of the relationship. Her dreams betray how it is Walter's weakness which allows her to be strong. However, Walter refuses to assume the conventionally feminine role and evades her attempts to control him through a series of extra-marital affairs. Lena interprets these affairs as due to Walter's inability to cope with her independence, rather than as a protest at the emotionally unsatisfactory nature of the marriage.

Lena herself has double standards. She complains of male attitudes to women which categorize them as merely sexual objects, intellectual partners or mother figures; yet she treats men in this way and sees her own promiscuity as a necessary outlet for aspects of herself which she cannot realize within her marriage. She sees her marriage in very narrow terms determined in part by traditional class prejudice. In her view it is a sexual relationship between people who are socially and intellectually unequal. Walter is both younger than she and working-class.

Lena's attitudes to other women reflect her lack of understanding of the relationship between traditional norms of femininity and social power. She describes women as suspicious, unobjective, pushy and unproductive. She makes no attempt to analyse her own perceptions in terms of the traditional division of labour, unequal power relations between the sexes or her own reversal of roles. The competitive and uncomprehending nature of her own femininity comes through most strongly in her attitude to her one daughter, whom she cannot love. This daughter, Walter's child, is subject to all the hostile emotions which both Walter and other women provoke in Lena.

Lena has one recently acquired female friend with whom for the first time she has discovered the possibility of realizing an equal, non-competitive, loving relationship. Lena blames her own childhood family life for her difficulties in personal relationships. Yet it is clear from her account of herself that the problem lies in her inability to move beyond conventional gender power relations in her private life. Ironically, she is intent in her professional life on disrupting conventional power relations, for example those of teacher and taught, in order to promote a critical awareness which can produce social change. She is concerned that social life should be more than consumerism, seeing art in conventionally socialist terms, as a path to self-development. In her teaching she sees herself as someone able to inspire interest, enthusiasm and self-questioning. Yet this self-questioning does not enable her to call into question conventional femininity and masculinity. The most she is able to do is reverse traditional roles.

Susanne T., 16, Schülerin

'Ich seh doch, was Mammi für ein Leben führt.' Experience of family life in which traditional notions of femininity, masculinity and the sexual division of labour are untransformed is the formative influence on Susanne's rejection of conventional power relations between the sexes. Susanne's interview highlights a key aspect of gender relations in GDR society, the generation gap in attitudes. It is clear from what Susanne says that, irrespective of whether men have any interest in change, young women refuse, at least in theory, to accept inequalities.

Susanne demonstrates a clear understanding of power in inter-personal relationships, for example in the family, with boy and girl friends and at school. She points to the inequalities of power necessary to the upbringing and education of children, some of which exert a negative influence on the young. She rejects the patriarchal nature of her own family, striving for an equal, open, critical relationship with Jürgen, her boyfriend. He has been brought up by his mother, who is a single parent, and he does not have traditional attitudes to sexual divisions within the family. Yet it is traditional family life to which he looks forward and Susanne is critical of what she identifies as his petty-bourgeois aspirations: secure family life and property. She is aware of the material constraints of traditional familial roles on women, seeing a career and children as incompatible and opting, at this stage, for the former. She is also aware of the constraints of small-town life, where social values and attitudes to women remain untransformed.

Teachers are extremely important role models for Susanne. Some still operate with traditional distinctions between girls and boys and are rejected by her as behind the times. Susanne identifies with her fashionable, critical, tolerant and politically mature history teacher.

This teacher allows debate of controversial issues which are officially frowned upon like, for example, western television. Susanne's own ideas for her future are for a new and exciting career, such as nuclear technology, and are not limited by traditional notions of what is appropriate for girls.

It is clear from the interview that Susanne identifies the negative aspects of being grown-up with male values and modes of behaviour. She finds more congenial role models in women such as her mother, teacher and friend. This is particularly clear from the positive way in which she speaks of her mother, while recognizing her mother's subordination to her father. Each of the women whom Susanne values is perceived as having valuable qualities different from those of men. Susanne is not striving to be like men, but for a new liberated form of femininity which will preserve many aspects of traditional feminine values, particularly at the emotional level. She wants a male partner who can meet the challenge of this new womanhood.

Protokolliteratur as a form allows the reader access to how women see their lives and demonstrates that individuals are often inconsistent and contradictory in their attitudes, values and behaviour. Whether or not Lena's and Susanne's accounts of their relationships are in any sense fair or accurate is unimportant, although *Protokolliteratur* does assume the subjective authenticity of the individual witness. What is important is the way in which these women talk about their lives. Although they are from very different generations and backgrounds, they share a perception of gender relations as power relations. Their own accounts demonstrate that femininity, masculinity and the relations between the sexes are in a state of flux. Individual and social attitudes and norms of behaviour vary according to a wide range of social factors such as class, gender, education and region. However, among the younger generation, at least, there exists a vision of a new, broader definition of emancipation.

Bolero (1978)

Bolero opens with a disingenuous statement, 'ich weiß wirklich nicht . . .', which immediately poses for the reader the question of why the narrator should have started and continued an unsatisfactory sexual relationship with a married colleague. The narrative that follows offers a clear answer to this question. She had hoped it would dispel the loneliness and monotony of her life as a single woman. This hope is not realized. The first-person narrative details aspects of the affair and leaves the reader with the question of why the narrator cold-bloodedly murdered her colleague. The answer that the text offers to this question is the nature of the relationship itself. This brings home to the reader the effects of a conventionally patriarchal extra-marital relationship on a self-aware, lonely woman.

The style of the narrative is consistently ironic. The inappropriateness, in conventional terms, of the narrator's response to situations, whether discussions of the economic plan at work or the act of sex, serves to sharpen the reader's perception of these social rituals. It also highlights the power relations which they perpetuate and their effect on individuals. The narrator is openly ironic about her historically 'distorted' feminine capacity for sympathy, seeing this as a key reason why she started the affair. Throughout the story she behaves in a traditionally feminine way. Her own needs are passively sacrificed to the role of mistress in patriarchally structured societies in which the married man has all the power.

The story opens with the physical need for food impinging on the work situation. Throughout the story food is linked with other physical needs for sex and companionship. The one leads to the expression of the other. Her needs, however, are not met by her lover, since she spends her time ministering to him at her own expense. The relationship is based on mutual need, but the power to determine what form it takes lies with the man. This is symbolized by the ritual of their first meeting. He invites her out and he chooses the food. She pays the bill in an attempt to escape the feeling of obligation to him. He comes to see her when it suits *him*. At other times, when she needs someone to talk to, he is inaccessible. Even his concern over her fear of the pill is experienced by her as a form of power. She feels embarrassed by it and takes the pill to avoid any fuss.

Yet his power rests on her total inability to express her own needs. She is never honest with him. She never says what she really thinks or feels. She pretends to be what he expects her to be and to enjoy their relationship. She feigns sexual pleasure with him and she is unable to teach him how to please her. She prefers to hide her face when they have sex, just as she consistently hides her other needs.

Yet the reasons for her inability to express her needs do not lie with her alone. She is trapped by conventional male assumptions of what women are like. For example, she feels that her frigidity would be dismissed by him as typical of 96 per cent of western women. He would not question why western women might be frigid and how this might reflect on men. Similarly, her physical intolerance of the pill is dismissed by her doctor as psychosomatic. In both cases 'science' deprives her of any place from which legitimately to voice her complaints. Her lack of power is reinforced by the fact that, socially, she does not exist in relation to her lover. He leads an 'impeccable' family life which is kept totally separate from her. When they meet by chance at the theatre he pretends not to see her.

Such pleasure as she does gain from the relationship is not to be found in the quality of the relationship itself. It lies in the limited escape which it offers, at least in her imagination, from the monotony and loneliness of everyday life. She is unable to dispel this feeling of emptiness at work. Yet as the relationship becomes mere routine, she is disturbed by his physical habits as well as her own passivity and unfulfilled needs. The 'completely unexpected' murder is the emotional consequence of a relationship in which she can neither say 'no' to him, nor tolerate her continued exploitation.

Ravel's *Bolero*, from which the story takes its title, forms an atmospheric backdrop to their relationship; it also has a symbolic function. This piece of music, which she plays when he is there, repeats a short theme over and over again with slowly increasing intensity of sound and tempo. As in the *Bolero*, the relationship depicted in the story repeats a monotonous and limited pattern of exploitation. While nothing visibly changes over the months of their relationship, the narrator's repressed resentment increases to a level at which it can no longer be contained. The repressed returns in the unexpected act on her part which brings the relationship to a sudden, violent end, like that of the *Bolero*.

Der Zweite (1983)

This story offers an insight into one woman's perspective on her second marriage. Like *Bolero*, it is a first-person narrative. It opens with a woman climbing the stairs, laden with heavy shopping and reflecting on her life with her second husband. She stresses the monotony of her life and her lack of anything to which to look forward. The atmosphere within the marriage is mirrored by that of the stairwell, with its stale smell of cabbage and its discoloured and graffiti-covered walls. The steep climb up the stairs does not promise to lead to anything worthwhile.

Yet this was not always the case. During the romantic phase of their relationship, everyday life had seemed to her to be transformed. Romance promised her a new identity, but she has found it impossible to develop this new identity within the structures of traditional married life. Isolated in the home with little or no contact with the people living nearby, she has become a domestic drudge, and this role has killed romance. Instead of gaining a new self in her marriage, she loses her name and identity. With the fading of romance her emotions change and she is less willing to tolerate the exploitation and monotony of conventional family life. Yet marriage is felt by her to be necessary to her self-image, and a husband gives her a degree of social status.

Marriage is depicted as exploitative in various ways. In this second marriage nothing is shared, neither resources, childcare nor domestic labour. She is financially responsible for everything except her husband's immediate needs for which he pays. He even tries to keep his savings account a secret. He disrupts her relationship with her son, forcing him into a boarding school. She also suspects he is unfaithful. One day, in comparing this relationship with her first marriage, she realizes that her second husband now seems even worse to her than his predecessor. She has hastily exchanged one unsatisfactory marriage with a careerist for a man who is happy passively to let her service his needs, who contributes nothing to the household and who criticizes but does not help with her children.

In the course of this second marriage both her needs and aspirations have been lost. Yet while she is able to recognize this, she is unable to speak out and demand change. Like the narrator in *Bolero*, she is trapped by her own passive tolerance. The two years of her second marriage seem as long as the fifteen of the first. Sex is no longer pleasurable, and to escape the reality of her husband she indulges in rape fantasies which are symptomatic of the passive, masochistic form which her feminine identity takes. She hides her feelings, crying silently into the washing-up bowl. She feels frustrated and trapped by a marriage which does not meet her needs nor allow her to develop her potential. She sees no possibility of transforming her marriage. The only possible escape route seems to be another affair.

The picture of relationships both inside and outside marriage is extremely bleak in Helga Königsdorf's stories. Both *Bolero* and *Der Zweite* have anonymous narrators who are involved with anonymous men. This feature of the narratives produces an effect of generality. The characteristics described are not depicted as peculiar to named individuals, but might apply to any number of familial and extra-marital relationships. It is left to the reader to decide on the typicality of the relationships and the social relations and norms that give rise to them. The stories detail what it might feel like to be trapped in unrewarding relationships with men, but they are unable to offer any positive alternatives.

At issue in both stories is how men treat women, but also how women allow themselves to be treated. It is suggested that both sides of these relationships need to be transformed. The use of first-person narrative adds force to the depiction of oppression in the stories, but it also highlights the women's complicity in this oppression. The stories point to the need to transform the institution of marriage and its effects both on women who are part of it and on those women who are marginalized by it. Neither story has much to say about the forms this change might take.

It is clear from all the stories in this anthology that many aspects of women's lives in the GDR need to change if women are to realize their full potential. These include the sexual division of labour, the organization of work and family life, and social norms of femininity and masculinity. The degree of optimism for the future found in women's writing in the GDR varies but, as can be seen from this anthology, criticism of patriarchal institutions and traditional attitudes and values is common.

There have been major shifts in attitudes to women and the sexual division of labour since Christa Wolf's early work in the 1960s. Much of this change has been provoked by the different expectations developed by women themselves through their involvement in work and public life. New experiences of the effects of women's dual role have led women to question an emancipation in which previously male responsibilities are added to those traditionally borne by women. Women's participation in paid work and public life has led to irreconcilable conflicts between the demands of work and family life. It has put new strains on interpersonal relations, between women and men. Much GDR women's writing is concerned with these themes and they are found in other works by the writers in this anthology as well as in texts by Sarah Kirsch, Helga Schubert and many other lesser known authors, examples of whose work, much of which has not been published in the West, are described by Christel Hildebrandt in her book *Zwölf schreibende Frauen in der DDR* (1984).

GDR women are demanding changes in the attitudes and behaviour of women and men both in the domestic sphere and outside the home. The nuclear family remains the primary unit of social organization in the GDR and further social changes are necessary if family needs are to be catered for adequately and women's position improved inside and outside the home. Social definitions of femininity and masculinity are increasingly subject to question. What it means to be a man or a woman was the structuring theme of the anthology, *Blitz aus heiterm Himmel* edited by Edith Anderson, which was commissioned by the Hinstorff publishing house in Rostock and published in 1975. The stories in this collection are concerned with the experience of changing sex. Christa Wolf's contribution, *Selbstversuch* (1972), available in *Gesammelte Erzählungen* (1981), suggests that there are fundamental differences between women and men. These involve different values, assumptions and ways of relating, and although women are still in some ways socially subordinate to men, the answer is not to become like men, since qualities defined as feminine may be preferable to the masculine norm.

Indeed the work of GDR women writers, particularly Christa Wolf's recent writing and Irmtraud Morgner's novels, is marked by a re-evaluation of traditionally 'feminine' qualities either as they are practised in relationships or in the context of a broader critique of patriarchal traditions. In part these qualities have been positively defined against the reality of a society which is geared first and foremost towards increasing economic productivity and material standards of living. In this process other aspects of individual and social life, particularly interpersonal relations, are seen to have suffered. Other women's writing, for example the stories by Helga Königsdorf in this volume, is concerned with exploring the short-comings of traditional femininity and masculinity as they exist in contemporary GDR society. Much of this recent fiction consists of realist narratives about ordinary women's lives be they married, on their own, with or without children, young or old.

Women's writing in the GDR necessarily addresses both the broader issues of the quality of society as a whole and the narrower arena of sexual politics, since the two are interdependent. In raising questions about how women and men relate to one another in all areas of life and about the patriarchal legacies of the family, women's fiction is making an important contribution to current debates about the nature and quality of socialism in the GDR.

SELECT BIBLIOGRAPHY

Edith Anderson (ed.), *Blitz aus heiterm Himmel*, Rostock, Hinstorff, 1975.

Elfriede Brüning, 'Partnerinnen', in *Frauenschicksale*, Halle, Mitteldeutscher Verlag, 1981.

David Childs, *The GDR: Moscow's German Ally*, London, Allen & Unwin, 1983.

—— (ed.), *Honecker's Germany*, London, Allen & Unwin, 1985.

Friedrich Engels, *The Origin of the Family, Private Property and the State* (1884), London, Lawrence and Wishart, 1972.

Helen Fehervary 'Die erzählerische Kolonisierung des weibischen Schweigens', in *Arbeit als Thema in der deutschen Literatur*, edited by R. Grimm and J. Hermand, Königstein, Athenäum, 1979, pp. 171–95.

Helmut Fischbeck, *Literatur und Literaturpolitik in der DDR. Eine Dokumentation*, Frankfurt/Main, Verlag Moritz Diesterweg, 1979.

Patricia Herminghouse, 'Wunschbild, Vorbild oder Porträt? Zur Darstellung der Frau im Roman der DDR', in *Literatur und Literaturtheorie in der DDR*, edited by P. U. Hohendahl and Patricia Herminghouse, Frankfurt/Main, Suhrkamp, 1976, pp. 281–92.

Christel Hildebrandt, *Zwölf schreibende Frauen in der DDR*, Hamburg, [no imprint], 1984 (Vertrieb: Frauenbuchvertrieb, Berlin).

Sonja Hilzinger, *'Als ganzer Mensch zu leben . . .' Emanzipatorische Tendenzen in der neueren Frauen-Literatur der DDR* (Europäische Hochschulschriften, Reihe 1, Band 867), Frankfurt/Main, Bern and New York, 1985.

Helga Königsdorf, *Mit Klischmann im Regen*, Darmstadt and Neuwied, Luchterhand, 1983.

Sara Lennox, ' "Nun ja! Das nächste Leben geht aber heute an." Prosa von Frauen und Frauenbefreiung in der DDR', in *Literatur der DDR in den siebziger Jahren*, edited by P. U. Hohendahl and P. Herminghouse, Frankfurt/Main, Suhrkamp, 1983, pp. 224–58.

Karl Marx and Friedrich Engels, 'Manifesto of the Communist Party', in *Marx and Engels: Basic Writings on Politics and Philosophy*, edited by Lewis S. Feuer, Glasgow, Fontana, 1981.

Martin McCauley, *The German Democratic Republic since 1945*, London, Macmillan, 1983.

Irmtraud Morgner, *Leben und Abenteuer der Trobadora Beatriz nach Zeugnissen ihrer Spielfrau Laura*, Darmstadt and Neuwied, Luchterhand, 1976.

——, *Amanda. Ein Hexenroman*, Darmstadt and Neuwied, Luchterhand, 1983.

Christine Müller, *James Dean lernt kochen. Männer in der DDR, Protokolle*, Darmstadt and Neuwied, Luchterhand, 1986.

Hans-Jürgen Schmitt (ed.), *Hansers Sozialgeschichte der deutschen Literatur*, Band 11: *Die Literatur der DDR*, München, Deutscher Taschenbuchverlag, 1983.

Harry Shatter, *Women in the Two Germanies*, Oxford, Pergamon, 1981.

Irene Uhlmann (ed.), *Kleine Enzyklopädie. Die Frau*, Leipzig, Bibliographisches Institut, 1987.

Maxie Wander, *Guten Morgen, du Schöne*, Darmstadt and Neuwied, Luchterhand, 1979.

Christa Wolf, *Gesammelte Erzählungen*, Darmstadt and Neuwied, Luchterhand, 1981.

CHRISTA WOLF

DIENSTAG, DER 27. SEPTEMBER

Als erstes beim Erwachen der Gedanke: Der Tag wird wieder
anders verlaufen als geplant. Ich werde mit Tinka wegen ihres
schlimmen Fußes zum Arzt müssen. Draußen klappen Türen. Die
Kinder sind schon im Gange.
G. schläft noch. Seine Stirn ist feucht, aber er hat kein Fieber
mehr. Er scheint die Grippe überwunden zu haben. Im Kinder-
zimmer ist Leben. Tinka liest einer kleinen, dreckigen Puppe aus
einem Bilderbuch vor: Die eine wollte sich seine Hände wärmen;
die andere wollte sich seine Handschuh wärmen; die andere wollte
Tee trinken. Aber keine Kohle gab's. Dummheit!
   Sie wird morgen vier Jahre alt. Annette macht sich Sorgen, ob wir
genug Kuchen backen werden. Sie rechnet mir vor, daß Tinka acht
Kinder zum Kaffee eingeladen hat. Ich überwinde einen kleinen
Schreck und schreibe einen Zettel für Annettes Lehrerin: Ich bitte,
meine Tochter Annette morgen schon mittags nach Hause zu
schicken. Sie soll mit ihrer kleinen Schwester Geburtstag feiern.
   Während ich Brote fertigmache, versuche ich mich zu erinnern,
wie ich den Tag, ehe Tinka geboren wurde, vor vier Jahren
verbracht habe. Immer wieder bestürzt es mich, wie schnell und wie
vieles man vergißt, wenn man nicht alles aufschreibt. Andererseits:
Alles festzuhalten wäre nicht zu verwirklichen: man müßte aufhören
zu leben. – Vor vier Jahren war es wohl wärmer, und ich war allein.
Abends kam eine Freundin, um über Nacht bei mir zu bleiben. Wir
saßen lange zusammen, es war das letzte vertraute Gespräch
zwischen uns. Sie erzählte mir zum erstenmal von ihrem zukünftigen
Mann . . .
   Nachts telefonierte ich nach dem Krankenwagen.

Annette ist endlich fertig. Sie ist ein bißchen bummelig und unordentlich, wie ich als Kind gewesen sein muß. Damals hätte ich nie geglaubt, daß ich meine Kinder zurechtweisen würde, wie meine Eltern mich zurechtwiesen. Annette hat ihr Portemonnaie verlegt. Ich schimpfe mit den gleichen Worten, die meine Mutter gebraucht hätte: So können wir mit dem Geld auch nicht rumschmeißen, was denkst du eigentlich? Als sie geht, nehme ich sie beim Kopf und gebe ihr einen Kuß. Mach's gut! Wir blinzeln uns zu. Dann schmeißt sie die Haustür unten mit einem großen Krach ins Schloß. Tinka ruft nach mir. Ich antworte ungeduldig, setze mich versuchsweise an den Schreibtisch. Vielleicht läßt sich wenigstens eine Stunde Arbeit herausholen. Tinka singt ihrer Puppe lauthals ein Lied vor, das die Kinder neuerdings sehr lieben:»Abends, wenn der Mond scheint, zum Städtele hinaus . . .« Die letzte Strophe geht so:

Eines Abends in dem Keller
aßen sie von einem Teller,
eines Abends in der Nacht
hat der Storch ein Kind gebracht . . .

Wenn ich dabei bin, versäumt Tinka nie, mich zu beschwichtigen: Sie wisse ja genau, daß der Storch gar keine Kinder tragen könne, das wäre ja glatt Tierquälerei. Aber wenn man es *singt*, dann macht es ja nichts.

Sie beginnt wieder nach mir zu schreien, so laut, daß ich im Trab zu ihr stürze. Sie liegt im Bett und hat den Kopf in die Arme vergraben.

Was schreist du so?

Du kommst ja nicht, da *muß* ich rufen.

Ich habe gesagt: Ich komme gleich.

Dann dauert es immer noch lange lange lange bange bange bange. Sie hat entdeckt, daß Wörter sich reimen können. Ich wickle die Binde von ihrem zerschnittenen Fuß. Sie schreit wie am Spieß. Dann spritzt sie die Tränen mit dem Finger weg: Beim Doktor wird's mir auch weh tun. – Willst du beim Doktor auch so schrein? Da rennt ja die ganze Stadt zusammen. – Dann mußt *du* mir die Binde abwickeln. – Ja, ja. – Darf ich heute früh Puddingsuppe? – Ja, ja. – Koch mir welche! – Ja, ja.

Der Fußschmerz scheint nachzulassen. Sie kratzt beim Anziehen mit den Fingernägeln unter der Tischplatte und möchte sich ausschütten vor Lachen. Sie wischt sich die Nase mit dem Hemdenzipfel ab. He! schreie ich, wer schneuzt sich da ins Hemde? – Sie wirft den Kopf zurück, lacht hemmungslos: Wer schneuzt sich da ins Hemde, Puphemde ... Morgen habe ich Geburtstag, da können wir uns heute schon ein bißchen freuen, sagt sie. Aber du hast ja vergessen, daß ich mich schon alleine anziehn kann. – Hab's nicht vergessen, dachte nur, dein Fuß tut dir zu weh. – Sie fädelt umständlich ihre Zehen durch die Hosenbeine: Ich mach das nämlich viel vorsichtiger als du. – Noch einmal soll es Tränen geben, als der rote Schuh zu eng ist. Ich stülpe einen alten Hausschuh von Annette über den kranken Fuß. Sie ist begeistert: Jetzt hab ich Annettes Latsch an! Als ich sie aus dem Bad trage, stößt ihr gesunder Fuß an den Holzkasten neben der Tür. Bomm! ruft sie. Das schlagt wie eine Bombe! – Woher weiß sie, wie eine Bombe schlägt? Vor mehr als sechzehn Jahren habe ich zum letztenmal eine Bombe detonieren hören. Woher kennt sie das Wort?

G. liest in Lenins Briefen an Gorki, wir kommen auf unser altes Thema: Kunst und Revolution, Politik und Kunst, Ideologie und Literatur. Über die Unmöglichkeit deckungsgleicher Gedankengebäude bei – selbst marxistischen – Politikern und Künstlern. Die »eigene« Welt, die Lenin Gorki zugesteht (und mehr als zugesteht: die er voraussetzt) bei aller Unversöhnlichkeit in philosophischen Fragen. Seine Rücksichtnahme, sein Takt bei aller Strenge. Zwei gleichberechtigte Partner arbeiten miteinander, nicht der alles Wissende und der in allem zu Belehrende stehen sich gegenüber. Freimütige und großmütige gegenseitige Anerkennung der Kompetenzen ... Wir kommen auf die Rolle der Erfahrung beim Schreiben und auf die Verantwortung, die man für den *Inhalt* seiner Erfahrung hat: Ob es einem aber frei steht, beliebige, vielleicht vom sozialen Standpunkt wünschenswerte Erfahrungen zu machen, für die man durch Herkunft und Charakterstruktur ungeeignet ist? Kennenlernen kann man vieles, natürlich. Aber *erfahren?* – Es gibt einen Disput über den Plan zu meiner neuen Erzählung. G. dringt auf die weitere Verwandlung des bisher zu äußerlichen Plans in einen, der mir gemäß wäre. Oder ob ich eine Reportage machen wolle? Dann bitte sehr, da könnte ich sofort loslegen. Leichte Verstimmung meinerseits, wie immer geleugnet, wenn ich in Wirklichkeit spüre, daß »was Wahres dran ist«.

Ob ich das gelesen habe? Einen kleinen Artikel Lenins unter der

Überschrift »Ein talentiertes Büchlein«. Gemeint ist ein Buch eines »fast bis zur Geistesgestörtheit erbitterten Weißgardisten«: »Ein Dutzend Dolche in den Rücken der Revolution«, das Lenin bespricht – halb ironisch, halb ernsthaft, und dem er »Sachkenntnis und Aufrichtigkeit« bescheinigt, da wo der Autor beschreibt, was er kennt, was er durchlebt und empfunden hat.

Lenin nimmt ohne weiteres an, daß die Arbeiter und Bauern aus den reinen, sachkundigen Schilderungen der Lebensweise der alten Bourgeoisie die richtigen Schlüsse ziehen würden, wozu der Autor selbst nicht imstande ist, und scheint es für möglich zu halten, einige dieser Erzählungen zu drucken. »Ein Talent soll man fördern« – was wiederum Ironie ist, aber auch genauso Souveränität. Wir kommen auf die Voraussetzungen für souveränes Verhalten in einem Land, in dem sich die sozialistische Gesellschaft unter Voraussetzungen und Bedingungen wie bei uns entwickeln muß. Über Gründe und Grundlagen des Provinzialismus in der Literatur.

Wir lachen, wenn wir uns bewußt machen, worüber wir endlos zu jeder Tages- und Nachtzeit reden, wie in schematischen Büchern, deren Helden wir als unglaubwürdig kritisieren.

Ich gehe mit Tinka zum Arzt. Sie redet und redet, vielleicht, um sich die Angst wegzureden. Mal verlangt sie die Erläuterung eines Hausbildes (Wieso findest du es nicht schön? Ich finde es schön bunt!), mal will sie mit Rücksicht auf ihren kranken Fuß getragen werden, mal hat die allen Schmerz vergessen und balanciert auf den Steineinfassungen der Vorgärten.

Unsere Straße führt auf ein neues Wohnhaus zu, an dem seit Monaten gebaut wird. Ein Aufzug zieht Karren mit Mörtelsäcken hoch und transportiert leere Karren herunter. Tinka will genau wissen, wie das funktioniert. Sie muß sich mit einer ungefähren Erklärung der Technik begnügen. Ihr neuer unerschütterlicher Glaube, daß alles, was existiert, »zu etwas gut« ist, *ihr* zu etwas gut ist. Wenn ich so oft um die Kinder Angst habe, dann vor allem vor der unvermeidlichen Verletzung dieses Glaubens.

Als wir die Treppen der Post hinunterlaufen, klemme ich sie mir unter den Arm. – Nicht so schnell, ich fälle! – Du fällst nicht. – Wenn ich groß bin und du klein, renne ich auch so schnell die Treppen runter. Ich werd größer als du. Dann spring ich ganz hoch. Kannst du übrigens über das Haus springen? Nein? Aber ich. Über das Haus und über einen Baum. Soll ich? – Mach doch! – Ich *könnte* ja leicht, aber ich will nicht. – So. Du willst nicht. – Nein. –

Schweigen. Nach einer Weile: Aber in der Sonne bin ich groß. – Die Sonne ist dunstig, aber sie wirft Schatten. Sie sind lang, weil die Sonne noch tief steht. – Groß bis an die Wolken, sagt Tinka. Ich blicke hoch. Kleine Dunstwolken stehen sehr hoch am Himmel. Im Wartezimmer großes Palaver. Drei ältere Frauen hocken beieinander. Die eine, die schlesischen Dialekt spricht, hat sich gestern eine blaue Strickjacke gekauft, für hundertdreizehn Mark. Das Ereignis wird von allen Seiten beleuchtet. Gemeinsam schimpfen alle drei über den Preis. Eine jüngere Frau, die den dreien gegenübersitzt, mischt sich endlich überlegenen Tons in die fachunkundigen Gespräche. Es kommt heraus, daß sie Textilverkäuferin und daß die Jacke gar nicht »Import« ist, wie man der Schlesierin beim Einkauf beteuert hatte. Sie ist entrüstet. Die Verkäuferin verbreitet sich über die Vor- und Nachteile von Wolle und Wolcrylon. Wolcrylon sei praktisch, sagt sie, aber wenn man so richtig was Elegantes haben will, nimmt man Wolle. – Was gut ist, kommt wieder, sagt die zweite der drei Frauen, und ich blicke beschwörend Tinka an, die zu einer gewiß unpassenden Frage ansetzen will. Im Western kostet so eine Jacke fünfzig Mark, meint die Schlesierin. – Na ja, erklärt die zweite, rechnen Sie doch um: eins zu drei. Kommen auch hundertfünfzig Mark raus. – Stimmt schon.

Es hat wohl keinen Sinn, sich in ihre Umrechnungen einzumischen.

Ich habe das Geld von meiner Tochter, sagt die Schlesierin. Von meinen hundertzwanzig Mark Rente hätte ich's nicht gekonnt. – Alle drei seufzen. Dann meint die Nachbarin: Dafür bin ich immer gewesen: schlicht, aber fein. – Ich mustere sie verstohlen und kann das Feine an ihr nicht finden. – Sie, unbeirrt: Diesen Mantel hier. Hab ich mir 1927 gekauft. Gabardine. Friedensware. Nicht totzukriegen. – Entsetzt sehe ich mir den Mantel an. Er ist grün, leicht schillernd und unmodern, sonst ist ihm nichts anzumerken. Ein Mantel kann doch nicht unheimlich sein. Tinka zieht mich am Ärmel, flüstert: Wann ist neunzehnhundertsiebenundzwanzig? – Vor dreiunddreißig Jahren, sage ich. – Sie gebraucht eine Redewendung ihres Vaters: War da an mich schon zu denken? – Mitnichten, sage ich. An mich war auch noch nicht zu denken. – Ach du grüne Neune, sagt Tinka. – Die Schlesierin, immer noch mit ihrer blauen Strickjacke beschäftigt, tröstet sich: Jedenfalls werde ich im Winter nicht frieren.

Die dritte, eine dürre Frau, die bisher wenig gesprochen hat, bemerkt jetzt mit stillem Triumph: Über all das brauch *ich* mir gottlob keine Gedanken zu machen . . . – Stumme Frage der anderen. Schließlich: Sie haben Verwandte drüben? – Nein. Das heißt: doch. Meine Tochter. Aber die arrangiert das bloß. Da ist ein Herr. Ich kenn den gar nicht, aber er schickt mir, was ich brauche. Jetzt hat er schon wieder nachfragen lassen, was mir für den Winter noch fehlt . . . – Blanker Neid in den Augen der anderen. Ja. – dann! Besser kann's einem heutzutage ja gar nicht gehen.

Ich schweige, habe längst aufgegeben zu lesen. Die Sprechstundenhilfe ruft alle drei hinaus.

Tinka ist ganz still, als der Arzt an der Wunde herumdrückt. Sie ist blaß, ihre Hand in der meinen wird feucht. Hat's weh getan? fragt der Arzt. Sie macht ihr undurchdringliches Gesicht und schüttelt den Kopf. Sie weint nie vor Fremden. Draußen, als wir auf den Verband warten, sagt sie plötzlich: Ich freu mich, daß ich morgen Geburtstag hab!

Der Himmel hat sich mit Wolken überzogen. Wir sind schon gespannt auf den Maureraufzug. Tinka hätte lange da gestanden, hätte sie nicht eilig ein Eckchen suchen müssen. Dann wird sie schweigsam. Der große schwarze Hund, an dessen Hütte wir bald vorbei müssen, beschäftigt sie. Wie immer erzählt sie mir an dieser Stelle, daß dieser Hund einer Frau mal in den Finger gebissen hat. Es muß jahrelang her sein, falls es überhaupt stimmt, aber auf Tinka hat die Legende davon einen unauslöschlichen Eindruck gemacht. Wirkung von Erzähltem!

Die Post, die ich zu Hause vorfinde, ist enttäuschend, eine nichtssagende Karte von einem nichtssagenden Mädchen. Dafür halten ein paarmal Motorräder vor dem Haus, Eil- und Telegrammboten, Ersatz fürs Telefon. Einer bringt die Korrekturfahnen von G.s Buch über Fürnberg. Während das Essen kocht, lese ich Kinderaufsätze zu dem Thema »Mein schönster Ferientag«, die in der Bibliothek des Waggonwerks abgegeben wurden. Ein neunjähriges Mädchen schreibt: »Bei uns im Ferienlager war es herrlich. Wir hatten einen Tag frei. Da konnten wir hingehen wohin wir wollten. Ich bin in den Wald gegangen. Da habe ich einen großen und einen kleinen Hirsch gesehen. Sie lagen alle beide da und rührten sich nicht. Sie waren so zahm, daß man sie anfassen konnte. Da bin ich schnell wieder zurückgelaufen und habe den Lagerleiter geholt. Es war ja nicht weit bis in unser Lager. Ich habe ihm alles erzählt, und er ist mit mir mitgegangen. Er hat den großen Hirsch an einer Leine mitgenommen und ich durfte den kleinen Hirsch tragen. Wir hatten einen kleinen Stall, da habe ich sie alle beide reingestellt und habe sie jeden Tag gefüttert. So war mein schönster Tag.«

Ich bin dafür, diesem Mädchen für seine unwahrscheinliche Geschichte den ersten Preis im Wettbewerb zu geben.

Nach dem Essen fahre ich ins Waggonwerk, zur Parteigruppensitzung der Brigade. In der Straßenbahn sucht ein älteres Ehepaar in allen Taschen verzweifelt nach dem Groschen, der den beiden fehlt, um die Fahrscheine kaufen zu können. Sie haben sich beim Einkaufen verausgabt. Ich biete der Frau den Groschen an. Große Verlegenheit: Ach nein, ach nein, sie könnten ja auch laufen. Schließlich nimmt der Mann den Groschen, unter Beteuerungen, wie peinlich es ihm sei. So was ist wohl nur bei uns Deutschen möglich, denke ich.

Im Betrieb war ich ein paar Wochen nicht. Die Halle steht voller halbfertiger Waggons. Anscheinend ist die Produktionsstockung überwunden. Ich freue mich zu früh.

Willy bemerkt mich nicht gleich. Ich sehe zu, wie er mit seiner neuen Vorrichtung zur Vorbereitung der Druckrahmen arbeitet. Er und J., sein Brigadier, haben diese einfache, aber praktische Vorrichtung entwickelt und als Verbesserungsvorschlag eingereicht. Sie sparen damit die Hälfte der Zeit für diesen Arbeitsgang ein. Im Betrieb wurde hinter ihrem Rücken getuschelt, es hat böses Blut gegeben. Heute soll ich erfahren, was wirklich los ist.

Willy blickt auf. Na, mei Herze? sagt er. Er freut sich. Er hat noch zu tun. Ich setze mich in den Brigadeverschlag, den sie selbst »Rinderoffenstall« nennen. Noch fünfundvierzig Minuten bis Arbeitsschluß, aber drei sitzen schon hier und warten, daß die Zeit vergeht. Immer noch nicht genug Arbeit? Köpfeschütteln. Das Bild in der Halle trog. – Und was macht ihr mit der übrigen Zeit? – Beschäftigungstheorie, sagen sie. Eisenplatz, Holzplatz, Bohlen ausbessern – Und das Geld? – Das stimmt. Wir kriegen ja den Durchschnitt. – Sie sind mißgelaunt, resigniert, wütend – je nach Temperament. Und was das schlimmste ist: Sie hoffen nicht mehr auf die entscheidende Wende zum Besseren. Lothar sagt: Im Januar sitzen wir wieder in der Tinte, wenn wir uns auch jetzt im letzten Quartal noch ein Bein ausreißen, um den Plan zu machen. Das Geld wird für Überstunden rausgeschmissen. Soll das rentabel sein?

Sein Geld stimmt, aber er ärgert sich über die Unrentabilität des Betriebes. Kann der Werkleiter in jede Brigade gehen und erklären, was mit dem Betrieb los ist? Er kann es nicht. Aber erklärt werden müßte es, und zwar ganz genau, und möglichst jede Woche nach dem neuesten Stand. Uneingeweihte Leute fangen an, verantwortungslos zu handeln.

Inzwischen dreht sich das Gespräch um das Betriebsfest am letzten Sonnabend. Jürgen erzählt, wie er seine Frau, die zu viel getrunken hatte, mit Mühe und Not in einem Werksomnibus nach Hause schaffen konnte, nachdem sie einen aufdringlichen Kollegen öffentlich geohrfeigt hatte. Vor Wut habe ich mir am nächsten Tag noch einen angetrunken, sagt er. Er hat ein bißchen Angst, er könnte durch seine Frau blamiert sein. Da fangen die anderen an, ähnliche Vorfälle mit ihren eigenen Frauen zu erzählen, sachlich, ohne Gefühlsaufwand, wie Männer eben über Frauen reden. Ich denke: Bestimmt hatte der zudringliche Kollege die Ohrfeige verdient . . .

Im Sitzungszimmer der Parteileitung treffen sich neun Genossen. Sie kommen in ihrem Arbeitszeug, ungewaschen. Eine Frau ist dabei, mit lustigen, lebendigen Augen; ich habe in der Brigade schon mal erlebt, daß sie auf den Tisch haut. Hier sagt sie nichts.

Lange Rede, kurzer Sinn – wir fangen an, sagt Willy. Er ist Gruppenorganisator. Ich weiß, was er heute vorhat, und beobachte gespannt und anerkennend, wie er rücksichtslos sein Ziel ansteuert. Vor ihm liegt der Bericht für die öffentliche Rechenschaftslegung seiner Brigade. Ich kenne ihn. Aber die Genossen aus der Nachbarbrigade, die Wettbewerbspartner, sitzen ein bißchen verdattert vor den dreiundzwanzig Seiten der anderen, die ja bei aller Freundschaft doch auch die Rivalen sind. Und wenn man die verzwickte Geschichte der beiden Brigaden kennt, die doch mal *eine* Brigade waren . . . Die Starbrigade des Werkes, unter der Führung von P., der Willy gegenübersitzt, sich immer wieder den Schweiß abwischt und sich übertölpelt vorkommt.

Schnell und undeutlich beginnt Willy aus dem Rechenschaftsbericht vorzulesen, ein sorgfältig ausgewähltes Stück. Die Hände, in denen er das Blatt hält, zittern ein bißchen. Auf einen Uneingeweihten muß die Atmosphäre in dem überheizten Zimmer eher einschläfernd wirken.

Niemand nimmt Zitate so ernst wie Willy. Er liest vor, was Lenin über die Steigerung der Arbeitsproduktivität gesagt hat. Und wie geht es bei uns? unterbricht er sich. Ein Kollege sagt: Als wir noch keine Brigade der sozialistischen Arbeit werden wollten, waren wir uns immer einig. Jetzt gibt es dauernd Stunk. – Willy hebt die Stimme. Er kommt jetzt auf ihren Verbesserungsvorschlag: eben jene einfache Vorrichtung, die ich vorhin in Aktion sah. Einen Riesenqualm gab es! sagt er und läßt das Blatt sinken, blickt über seine Drahtbrille direkt auf P.: Fünfzig Prozent Einsparung! Das hat es noch nicht gegeben – bei uns nicht! Man hat die Realität des Vorschlags angezweifelt. Ja, auch du, P.! Red nicht, jetzt bin ich dran! Aber der Vorschlag ist real, da gibt's nichts dran zu wackeln. Klar haben wir 'ne Prämie gekriegt. Klar werden wir beiden die nächsten drei Monate gut verdienen. Tausend Mark kommen für mich dabei zusammen, wenn ihr's wissen wollt. Und was weiter? Gilt vielleicht der materielle Anreiz für uns Genossen nicht? Alles wäre in Ordnung gewesen, wenn die beiden ihre Prämie verteilt, die Mäuler mit ein paar Flaschen Bier gestopft hätten. Aber damit ist Schluß! ruft Willy. Gleichmacherei gibt's nicht mehr. Und auf dem nächsten Brigadeabend geben wir einen aus.

So kam in der Abteilung die hinterhältige Frage auf: Bist du Kommunist oder Egoist?

Und das, ruft Willy aus, längst schon erregt und sich oft verhaspelnd, das haben wir alle gewußt. Oder nicht? Und wie sind wir als Genossen aufgetreten? Gar nicht. Wie konnten wir auch! Waren uns ja selbst nicht einig. Konkreter! ruft einer aus der Nachbarbrigade.

Willy, immer lauter: Jawohl! So konkret du willst! In der BGL werden wir beide zu Aktivisten vorgeschlagen. Wer spricht dagegen? Genosse P.! In der Parteileitung will man unser Bild zum Tag der Republik an der »Straße der Besten« aufstellen. Wer rät ab? Genosse P.! Konkret genug?

Vielleicht darf ich jetzt auch mal was sagen, verlangt P. Bitte, sagt Willy. Bloß eins noch: Es geht um die Sache und nicht darum, ob mir deine Nase oder dir meine Nase nicht paßt. Jeder hier am Tisch kennt P.s Ausspruch aus der Zeit, als Willy mit seiner »rückläufigen Kaderentwicklung« neu in seiner Brigade war: Er oder ich, das ist hier die Frage. Für uns beide ist in einer Brigade kein Platz. – Am Ersten Mai stand noch P.s Bild an der »Straße der Besten«. Beide müssen viel vergessen und manches gedacht haben, was sie sich selbst nicht zugeben würden, damit überhaupt geredet werden kann wie heute. Man muß nicht erwarten, daß der Konflikt nach den

Regeln klassischer Dramaturgie zugespitzt und bis zu Ende »ausgetragen« wird. Viel ist schon, daß P. zugibt: Euer Vorschlag war real. Daß ihr die Prämie kriegt, ist richtig. – Danach ist sein Vorrat an Selbstverleugnung erschöpft. Er weicht aus, zerrt eine alte Geschichte hervor, über die er sich weitschweifig ergeht. Er kann sich nicht einfach so geschlagen geben. Es geht hin und her zwischen den beiden Brigaden, die Spannung flacht ab, auch Willy muß mal ein Loch zurückstecken, was ihm schwer genug fällt. Vor ihm liegt immer noch der Rechenschaftsbericht seiner Brigade. In einer Woche sollen P.s Leute auch soweit sein. Plötzlich wird ihnen vor der Arbeit bange. Diesen kleinen Triumph gönnt Willy sich noch, das merkt jeder. Aber nun ist es genug, man muß sich einigen. Man bespricht, wer P. helfen soll. Wenn du mich Querpfeifer auch haben willst . . ., sagt Willy. – Alter Idiot! erwidert P.

Jemand kommt auf die Idee, man müsse die Frauen zur Rechenschaftslegung der Brigade einladen, das sei ein Zug der Zeit. Dagegen kann keiner öffentlich sprechen, aber klar wird: Feurige Fürsprecher hat der Vorschlag nicht. Die Frauen, sagt einer, haben doch alle genug mit den Kindern zu tun, besonders nach Feierabend . . . Günter R. ist froh: Eine Frau könne ja nur mitbringen, wer eine habe.

Na und du? fährt Willy ihn an. Hast wohl keine? – Nee, sagt Günter. Nicht mehr. – Was ist eigentlich los mit deiner Ehe? Daß du mir nicht absackst wegen solcher Geschichten! droht Willy. – Günter ist der Jüngste am Tisch. Er macht eine wegwerfende Handbewegung, ist aber glühend rot geworden. Lappalie! Nicht der Rede wert!

Später erzählt mir P.: Günter war für ein paar Wochen zur sozialistischen Hilfe in den Schwesterbetrieb nach G. geschickt worden, und als er eines Tages unvermutet nach Hause kommt, spaziert ihm doch der Meister seiner Frau aus seinem Schlafzimmer entgegen. Da ist er natürlich gleich am nächsten Tag aufs Gericht. Da ist auch nichts mehr zu flicken . . .

Nach und nach ist die Stimmung heiter geworden. Witze werden gerissen. Als ich behaupte, sie wollten alle nichts von Kultur wissen, gibt es Protest. Die Einladungskarten für die Rechenschaftslegung werden herumgezeigt, weiße Doppelkärtchen, auf denen in goldener Schnörkelschrift »Einladung« gedruckt ist. Das ist ihnen vornehm genug. Sie wollen sich allerhand Gäste einladen, wollen »ein

Beispiel geben«, wie Willy sagt. Er läßt die Versammlung jetzt
locker schleifen, ist kaum noch verkrampft, sieht ganz zufrieden
aus. Er blinzelt mir zu und grinst. Ganz schön durchtrieben, sage
ich später zu ihm. Muß man ja sein, Meechen, sagt er. Kommst
sonst zu nichts.

Ich gehe schnell nach Hause, aufgeregt, mit aufgestörten
Gedanken. Ich höre noch einmal, was sie sagen, dazu, was sie nicht
sagen, was sie nicht einmal durch Blicke verraten. Wem es gelänge,
in dieses fast undurchschaubare Geflecht von Motiven und Gegen-
motiven, Handlungen und Gegenhandlungen einzudringen . . . Das
Leben von Menschen groß machen, die zu kleinen Schritten
verurteilt scheinen . . .

Um diese Jahreszeit ist es gegen Abend schon kalt. Ich kaufe noch
ein, was ich zum Kuchenbacken brauche, und nehme ein paar
Geburtstagsblumen mit. In den Gärten welken schon die Dahlien
und Astern. Mir fällt der riesige Rosenstrauß ein, der damals, vor
vier Jahren, im Krankenhaus auf meinem Nachttisch stand. Mir fällt
der Arzt ein, den ich sagen hörte: Ein Mädchen. Aber sie hat ja schon
eins. Na, es wird ihr wohl nichts ausmachen . . . Seine Erleichterung,
als ich schon den Namen hatte. Die Schwester, die mich belehrte,
wie unerwünscht manchmal Mädchen noch seien und was man da
alles erleben könne, besonders mit den Vätern. Die kommen einfach
nicht, wenn es wieder ein Mädchen ist, ob Sie's glauben oder nicht.
Darum dürfen wir am Telefon nicht sagen, was es ist, Junge oder
Mädchen.

Alle wollen mithelfen beim Kuchenbacken. Die Kinder stehen
überall im Wege. Schließlich lege ich ihnen im Zimmer eine
Märchenplatte auf, »Peter und der Wolf«. Nachher kratzen sie die
Teigschüsseln aus, bis sie ihnen entzogen werden. Annette erzählt
aus der Schule: Wir haben ein neues Lied gelernt, aber es gefällt mir
nicht besonders. Republik reimt sich auf Sieg – wie findest du das?
Ich find's langweilig. Wir haben eine neue Russischlehrerin. Die hat
sich gewundert, wie viele Wörter wir schon kennen. Aber denkst
du, die hat uns ihren Namen gesagt? Nicht die Bohne. Dabei
mußten wir ihr unseren Namen alle auf einen Sitzplan aufschreiben.
Die denkt sich gar nichts dabei, glaube ich. – Sie quirlen lange
unruhig umher und wollen sich nicht damit abfinden, daß man auch
in der Nacht vor dem Geburtstag schlafen muß. Der Kuchen geht
im Ofen über alle Maßen. Jetzt, wo es still wird, ist mir, als könnte
ich hören, wie er geht. Die Formen waren zu voll, der Teig geht und

geht und tropft in die Röhre und verbreitet einen Geruch nach Angebranntem in der ganzen Wohnung.

Als ich den Kuchen herausziehe, ist eine Seite schwarz, ich ärgere mich und finde keinen, dem ich die Schuld geben könnte außer mir selbst, und dann kommt noch G. und nennt den Kuchen »etwas schwarz«, da sage ich ihm ungehalten, daß es an den zu vollen Formen und am schlechten Ofen und am zu starken Gasdruck liegt. Na ja, sagt er und zieht sich zurück. Später hören wir die Violinsonate op. 100 von Antonin Dvořák, auf die Fürnberg ein Gedicht gemacht hat. Eine liebliche, reine Musik. Mein Ärger löst sich auf. Wir merken beide gleichzeitig, daß wir nach verbranntem Kuchen riechen, und fangen an zu lachen.

Ich muß noch etwas schreiben, aber alles stört mich: das Radio, der Fernseher nebenan, der Gedanke an den Geburtstagstrubel morgen und an diesen zerrissenen Tag, an dem ich nichts geschafft habe. Unlustig decke ich den Geburtstagstisch, mache den Lichterkranz zurecht. G. blättert in irgendeinem Büchlein, findet es »gut geschrieben«. Aus irgendeinem Grund stört mich auch das.

Ich sehe die Manuskriptanfänge durch, die auf meinem Schreibtisch übereinanderliegen. Die Langwierigkeit des Vorgangs, den man Schreiben nennt, erbittert mich. Aus der reinen Brigadegeschichte haben sich schon ein paar Gesichter herausgehoben, Leute, die ich besser kenne und zu einer Geschichte miteinander verknüpft habe, die, wie ich deutlich sehe, noch viel zu simpel ist. Ein Mädchen vom Lande, das zum erstenmal in ihrem Leben in die größere Stadt kommt, um hier zu studieren. Vorher macht sie ein Praktikum in einem Betrieb, bei einer schwierigen Brigade. Ihr Freund ist Chemiker, er bekommt sie am Ende nicht. Der dritte ist ein junger Meister, der, weil er einen Fehler gemacht hat, in diese Brigade zur Bewährung geschickt wurde . . . Es ist merkwürdig, daß diese banalen Vorgänge, »dem Leben abgelauscht«, auf den Seiten eines Manuskripts ihre Banalität bis zur Unerträglichkeit steigern. Ich weiß, daß die wirkliche Arbeit erst beginnen wird, wenn die Überidee gefunden ist, die den banalen Stoff erzählbar und erzählenswert macht. Aber sie findet sich nur – wenn überhaupt, woran ich heute abend ernsthaft zweifle – durch diese lange Vorarbeit, deren Vergeblichkeit mir klar ist.

Ich weiß, daß weder die Seiten, die schon daliegen, noch die Sätze, die ich heute schreibe, bleiben werden – nicht ein Buchstabe von ihnen. Ich schreibe, und dann streiche ich es wieder aus: Wie immer wurde Rita pfeilschnell aus dem Schlaf geschleudert und war wach, ohne Erinnerung an einen Traum. Nur ein Gesicht mußte da gewesen sein. Sie wollte es festhalten, es verging. Robert lag neben ihr.

Vor dem Einschlafen denke ich, daß aus Tagen wie diesem das Leben besteht. Punkte, die am Ende, wenn man Glück gehabt hat, eine Linie verbindet. Daß sie auch auseinanderfallen können zu einer sinnlosen Häufung vergangener Zeit, daß nur eine fortdauernde unbeirrte Anstrengung den kleinen Zeiteinheiten, in denen wir leben, einen Sinn gibt . . .

Die ersten Übergänge in die Bilder vor dem Einschlafen kann ich noch beobachten, eine Straße taucht auf, die zu jener Landschaft führt, die ich so gut kenne, ohne sie je gesehen zu haben: der Hügel mit dem alten Baum, der sanft abfallende Hang zu einem Wasserlauf, Wiesengelände, und am Horizont der Wald. Daß man die Sekunden vor dem Einschlafen nicht wirklich erleben kann – sonst schliefe man nicht ein –, werde ich immer bedauern.

ELFRIEDE BRÜNING

HIMMEL AUF ERDEN

Punkt halb drei jeden Nachmittag stieg die alte Frau Grimma die Treppe zu ihrer Mansarde hinauf, die ihr die Kinder im ersten Stock ihres Einfamilienhauses eingeräumt hatten. Bis dahin hatte sie immer unten in der Küche zu tun. Der Tag begann früh für die alte Frau. Kurz nach sieben hörte man die zwei Gehilfen in der Werkstatt rumoren, und wollte die alte Dame nicht riskieren, ihnen zerzaust, ungewaschen unter die Augen zu kommen, mußte sie rasch, bevor die jungen Grimmas sich regten, unten in den Waschraum schlüpfen. Ein- oder zweimal hatte sie dennoch den Zeitpunkt verpaßt, und Werner, ihr Sohn, hatte ungeduldig an der Klinke gerüttelt. »Beeil dich doch, Mutter!« Hinter ihm stand schon Irmchen, die Schwiegertochter. Mit einer einzigen Armbewegung zog sie den Vorhang hinter sich zu, der den Flur von dem Werkstatt-Trakt trennte; die Schwiegertochter tat immer genau das Notwendige. »Wir können Muttchen doch eine Waschschüssel ins Zimmer stellen«, schlug sie freundlich vor. Noch am selben Tag zerrte sie eine bereits ausrangierte Blechschüssel aus der Versenkung hervor, und nun konnte die alte Frau sich oben in der Mansarde waschen. Dazu mußte sie allabendlich den Wassereimer hinauf- und allmorgendlich das Schmutzwasser wieder hinuntertragen. Doch Arbeit war sie gewohnt, und sie beschwerte sich nicht. Seit fünfzehn Jahren lebten sie in diesem Haus zusammen, drei Generationen unter einem Dach, und nie hatte es zwischen ihnen die geringste Verstimmung gegeben. »Streit kennen wir nicht«, behauptete die Schwiegertochter, falls irgendwann von einem Kunden geäußert wurde, daß Jung und Alt nicht zusammenpaßten. »*Wir* verstehen uns ausgezeichnet«, fügte sie regelmäßig hinzu und sandte einen beifallheischenden Blick zu ihrer Schwiegermutter hinüber, die sich beeilte, ihr zuzustimmen.

Obwohl . . . Sie war ihrem Sohn nicht gerade um den Hals gefallen, als er vor Jahren auf sie einredete, doch die eigene kleine Wohnung aufzugeben und zu ihnen zu ziehen. Werner hatte damals billig das Vierzimmerhaus erwerben können und wohnte mit seiner jungen Frau noch allein darin; nun befürchtete das Paar täglich eine Zwangseinweisung durch das Wohnungsamt. »Das kannst du doch nicht zulassen, Muttchen!« beschwor er sie. Die alte Frau Grimma verstand ihn. Werner hatte gerade erst auf Fernsehmechaniker umgeschult und sich in der Stadt neu etabliert – keinesfalls konnte er es jedoch riskieren, daß ein Unbefugter die Nase in seine Werkstatt steckte. Ohne Werners regelmäßige Abstecher nach Westberlin, mit denen er dem chronischen Ersatzteilmangel zu Leibe ging, hätte er sich in der neuen Branche gar nicht behaupten, geschweige denn auf einen grünen Zweig kommen können! Frau Grimma gab also ihren letzten Widerstand auf, ließ liebgewonnene Gewohnheiten fahren, nahm schmerzlichen Abschied von Alma, ihrer Jugendfreundin, mit der sie über zwanzig Jahre Tür an Tür gewohnt hatte, und zog zu Irmchen und Werner ans andere Ende der Stadt. Damals war sie fünfundsechzig und noch sehr rüstig gewesen.

Im Alter, sagt der Volksmund, zählt jedes Jahr doppelt. Die alte Frau hatte über diese Drohung immer nur kichern können. *Sie* focht das Alter nicht an, das Leben zu dritt in dem Haus erwies sich als ein reines Schlaraffendasein. Natürlich trachtete sie danach, sich nützlich zu machen; niemand sollte ihr nachsagen, daß sie ihr tägliches Stück Brot nicht verdiente. Sie hielt Stuben wie Werkstatt auf Hochglanz, schrubbte die Treppen, rutschte mit ihren Knien auf den Fliesen herum und verhalf ganz nebenbei Werner, ihrem Einzigen, allein durch ihr Da-Sein dazu, dem Wohnungsamt eine lange Nase zu drehen! Aus reiner Dankbarkeit hatte er ihr beide Kammern in der oberen Etage abgetreten; sein Muttchen sollte einen Schlaf- und einen Wohnraum haben. Sie fühlte sich wie im Himmel. Das eine Zimmer hatte sie dann doch bald wieder räumen müssen, da sich die Familie vergrößerte. Ein Kind kam ins Haus. Irmchen wußte damals schon, daß sie nie ein eigenes Kind haben würde – sie wollte aber sosehr gerne Mutter sein. Daher ging Werner mit seiner Frau, der er keinen Wunsch abschlagen mochte, in ein Kinderheim, und Irmchen pickte sich genau das Bürschchen heraus, das allein infrage kam: den kraushaarigen Wolf-Dieter mit blauen Veilchenaugen, der seit seiner Geburt im Heim war und um den sich nie eine Menschenseele gekümmert hatte. Übers Jahr wurde Wolf-Dieter von dem Paar adoptiert. Irmchen hatte nun endlich ihre Mutterpflichten, und Werner sah wohl damals schon in dem Dreikäsehoch den späteren Gehilfen und sogar den Erben für seinen Betrieb.

Niemand hätte damals bereits die Entwicklung der Branche vorausahnen können. Seinerzeit steckte das Fernsehgeschäft noch in den Kinderschuhen. Die Produktion hinkte jämmerlich hinter dem Bedarf hinterher, und nur Privilegierte mit irgendwelchen Bescheinigungen konnten ein Gerät ergattern, während das Gros der Anwärter sich Monate, ja Jahre gedulden mußte. Werner, dem in der Stadt der Garantiedienst oblag, konnte die anfallenden Reparaturen noch gut und gern im Alleingang bewältigen. Dies änderte sich jedoch schlagartig, fast über Nacht! Auf einmal standen in allen Verkaufsstellen so viele Fernsehgeräte, daß die Kundschaft sie sogar kaufen, nicht nur anstarren durfte. Nicht einmal das Abstottern war länger verpönt. Die Bevölkerung nutzte die Chance (wer weiß, wie lange das Angebot anhielt), und auf den Dächern der Häuser wuchsen die Antennen zu struppigen Wäldern zusammen. Werner, der einzige Service-Mann, kam kaum noch aus den Kleidern heraus. Nicht nur in der Werkstatt, sondern auch im Flur und auf der Treppe stolperten die Hausbewohner über Fernsehgeräte, denen man die inwendige Krankheit nicht ansah. Auf Werners Schreibtisch türmten sich die liegengebliebenen Abrechnungen zur Pyramide. Werner stellte einen Gehilfen ein, gleich darauf den zweiten – beide waren bei Irmchen in Kost. Doch Irmchen hatte sich unversehens, um Werner zu entlasten, von einer »Nur-Hausfrau« in ein »mitarbeitendes Familienmitglied« verwandelt und vertauschte den Platz am Kochherd mit dem am Telefon. Sie stritt mit säumigen Lieferanten, beschwichtigte erboste Kunden, notierte Termine oder kritzelte lange Zahlenkolonnen in verschiedenfarbige Hefte, deren eines mit der Aufschrift INTERN (das nicht fürs Finanzamt bestimmt war) sie nach Gebrauch hastig wieder in die unterste Schublade schob. Über all dem neuen vergaß Irmchen mehr und mehr ihre Mutterpflichten, und Wolf-Dieter, der elterliche Liebe nur so kurz hatte kosten dürfen, wurde zum verhätschelten Oma-Kind.

Nun, die alte Frau Grimma hatte getan, was sie konnte –

wahrhaftig! Sie hatte weiter die Böden gescheuert, wenn auch nicht
ganz so hingegeben wie sonst, weil Wolf-Dieter ihr dauernd in die
Quere kam. Sie setzte das Jüngchen aufs Töpfchen, jonglierte mit
dem Topfinhalt um die invaliden Geräte herum, um ins Klo zu
gelangen, scheuchte Wolf-Dieter bei ihrer Rückkehr vom halb-
offenen Fenster herunter (das Herz hatte ihr dabei vor Ensetzen
bis zum Hals geschlagen!); sie kochte, und sie wusch die sogenannte
kleine Wäsche, zu der auch die Arbeitskledage der drei Männer
gehörte, die keine der Großwäschereien hatte annehmen wollen.
Als sie eines Tages, unfähig sich zu rühren, liegenblieb, sprach
Werner ein Machtwort: »Eine Haushaltshilfe muß her. Muttchen
kann die Arbeit nicht mehr alleine schaffen.« (Schließlich war sie
inzwischen über siebzig.) Das Kinderheim war damals gerade dazu
übergegangen, einige Mädchen, die sich als »anstellig« und »gefügig«
erwiesen hatten, in Haushalte zu vermitteln – in gutbeleumdete,
versteht sich. Werner bewarb sich und kam glückstrahlend mit der
fünfzehnjährigen Rosa an. »Von jetzt an ist Muttchen entlastet«,
sagte er aufatmend zu Irmchen, und Irmchen erzählte den Kunden,
was für eine gute Lösung sie gefunden hätten, und die Kunden
erzählten es wiederum anderen Kunden. Bald hieß es im ganzen
Städtchen (denn die Grimmas waren durch ihren Service überall
bekannt und beliebt): »Die alte Frau Grimma hat sich ja nun den
Haushalt vom Halse geschafft. Sie versorgt nur noch den kleinen
Jungen, na ja . . .«
  Die alte Frau stand jedoch nach wie vor als erste auf. Die beiden
Gehilfen wollten kurz nach sieben ihr erstes Frühstück haben,
Kaffee und zurechtgemachte Stullen mit Wurst (aus Trägheit hätten
sie sich die Happen am liebsten in den Mund schieben lassen).
Waren die Burschen wieder draußen, setzten sich Irmchen und
Werner an den Frühstückstisch, auch sie wünschten frisch-
gebrühten Kaffee, sie hatten bloß noch auf die knusprigen Brötchen
gewartet, die Rosa von unterwegs mitbrachte. Rosa wohnte
weiterhin im Kinderheim, weil die Grimmas im Haus keinen Platz
für sie hatten. Wenn sie morgens antrat, schickte die alte Frau
Grimma sie eilends einkaufen – natürlich erst, nachdem sie
ausgiebig gefrühstückt hatte; zu allen übrigen Arbeiten erwies sie
sich als ungeeignet. Rund und rotwangig saß sie mit den anderen am
Küchentisch, kaute mit vollen Backen und überließ es seelenruhig
der alten Frau, aufzuspringen und die leergewordenen Tassen zu
füllen oder etwas aus dem Kühlschrank zu holen oder Brot zu

rösten – Irmchen hatte zuweilen Gelüste wie eine Schwangere.
Dann schepperte die Ladenklingel, und Werner schoß hinaus,
schleppte die Kundengeräte in den Werkstattraum, alles Weitere
war Sache seiner Gehilfen, während er sich selbst ans Steuer seines
»Wartburg« setzte, seines »Fiat« oder »Shiguli« oder »Wartburg-
Tourist« (die Autos waren im Laufe der Jahre immer voluminöser
geworden) und zu seiner auswärtigen Kundschaft auf die Dörfer
fuhr. »Kommst du heute pünktlich?« fragte Irmchen jeden Tag neu.
Es störte sie nicht, daß sie nie eine Antwort bekam; sie hätte sie
sowieso nicht gehört, weil sie, noch bevor Werner anfuhr, längst
wieder an ihrem Platz am Telefon saß und um irgendwelche
lebenswichtige Röhren feilschte. Die alte Frau Grimma nahm
indessen Kurs auf das zweite Frühstück, das jeder einnahm, wie es
sich gerade traf. Irgendwann kam auch Rosa von ihrem Einkauf
zurück, sie stärkte sich und lief aufs neue fort, mit einem langen
Besorgungszettel. Das Mittagessen nahm man zu fünfen ein, ohne
Werner, der erst abends dazu kam, etwas Warmes zu essen. Danach
machte sich Rosa über den Abwasch her. Spätestens beim dritten
Teller erinnerte sie sich jedoch an ihre sonstigen Pflichten, sie
schleuderte den Wischlappen in die Schüssel zurück und verschwand
mit dem Staubtuch im Wohnzimmer, während die alte Frau Grimma
ihren Platz am Spültisch einnahm. Bei all dem Trubel im Haus war
Wolf-Dieter Kind, für das nie jemand Zeit fand, größer geworden
und unversehens zu einem langen schlaksigen Lümmel heran-
gewachsen, nach dem bereits die Mädchen ihre Hälse reckten.

Dazwischen hatte es Krisen gegeben; ernste Krisen. Werner war
eines Tages, bleich bis in die zitternden Bartspitzen, nach Hause
gekommen. »Jetzt machen sie uns fertig«, prophezeite er. Ein HO-
Laden für Rundfunk- und Fernsehgeräte – mit Service! – sollte im
Stadtzentrum eröffnet werden. Werner schäumte vor Empörung.
Daß »die da oben« jetzt darangingen, ihm, Werner Grimma, das
Monopol zu nehmen und ihm eine Einrichtung des staatlichen
Handels vor die Nase zu setzen, war für ihn der Beweis, daß die
kleinen Privatunternehmer liquidiert werden sollten. Um auf dem
laufenden zu sein, abonnierte er vorübergehend sogar das ›Neue
Deutschland‹. Auch beriet er sich lange mit Irmchen, und als
Ergebnis ihrer Beratung entfalteten beide eine lebhafte Betrieb-
samkeit: Irmchen ließ Telefon Telefon sein und fing an, in Kisten und
Koffern zu wühlen, und Werner fuhr einen Tag um den anderen in
die DDR-Hauptstadt Berlin, um Ersatzteile, die er eben erst
»importiert« hatte, zurück an ihren Ursprungsort nach Westberlin

zu schaffen. Die alte Frau hatte das Treiben eine Zeitlang stumm verfolgt. »Sagt mir doch, was hier vorgeht«, bettelte sie endlich, als sie die Geheimnistuerei nicht länger ertragen konnte. Irmchen hüllte sich in Schweigen. Nur Werner sah für den Bruchteil einer Sekunde von den Papieren auf, die er gerade mit roher Hand unschädlich machte. »Muttchen, wir setzen uns ab«, erwiderte er. »Du siehst doch, daß sie uns hier kaputtmachen wollen.« Und er riß auch die Belege fürs Finanzamt in viele kleine Stücke. Der Blick seiner Mutter ging über die neue Wohnungseinrichtung, über das Spinett (auf dem nie jemand spielte), den Raumteiler aus Keramik, die Antiquitäten, die Werner mühselig aufgespürt und teuer erstanden hatte, um »sein Geld anzulegen«, und die er jetzt so mir nichts, dir nichts im Stich lassen wollte – und zum erstenmal war sie unzufrieden mit ihrem Sohn. »Ich bleibe hier!« verkündete sie. Doch allein oben in ihrer Mansarde weinte sie sich fast die Augen aus. Was sollte sie denn hier anfangen, ohne die anderen alle? In ihrer Not vertraute sie sich Alma an; trotz ihrer zittrigen Beine hatte sie den weiten Weg zu ihrer Jugendfreundin nicht gescheut. Doch auch Alma war ratlos. Das Haus würde ja sicher, sowie die Untat ruchbar wurde, beschlagnahmt werden, dann hatte ihre Freundin nicht einmal mehr ein Dach überm Kopf. Vielleicht aber wurde sie, wegen Mitwisserschaft, sogar eingelocht! Nein, sie mußte mit hinüber, da half alles nichts. – Werner hatte versprochen, den damals achtjährigen Wolf-Dieter einzuweihen, doch aus begreiflichen Gründen schob er es immer wieder hinaus. Wolf-Dieter glaubte also noch immer an einen fröhlichen Familientrip (und glaubt es vermutlich bis heute), als die Reise endlich losging; man hatte an diesem Sonnabend »aus familiären Gründen« etwas früher geschlossen und Rosa sowie die beiden Gehilfen nach Hause geschickt. Es war der 12. August 1961. Die Nacht zum Sonntag wollte man in dem Häuschen einer entfernten (und hastig eingeweihten) Verwandten in Berlin-Grünau verbringen, um dann am nächsten Morgen, durch ausgiebigen Schlaf gestärkt und entsprechend froh gestimmt, den am Bahnhof Zoo deponierten Ersatzeilen nachzureisen ... Jeder weiß, daß es nicht mehr dazu kommen konnte. Nachdem just in dieser Nacht die Grenze dichtgemacht wurde, kam keine Maus mehr hinüber, geschweige denn der junge Grimma mit seiner Familienfuhre. Die alte Frau Grimma und Wolf-Dieter hatten ihre Rollen vertauscht. Hatte der Junge auf der Herfahrt laut gejubelt und die alte Frau nur still vor sich hin gegreint, so quengelte jetzt Wolf-Dieter, weil die

Unternehmung ein so abruptes Ende nahm, und die alte Frau saß da, starr vor Glück, weil es doch wieder heim ging in ihr Mansardenstübchen.

Schwamm drüber! Es war wie eine stillschweigende Vereinbarung zwischen den Familienmitgliedern, nie wieder an dies Ereignis zu rühren. Man war zurückgekehrt und richtete sich aufs neue ein. Die ersten Monate waren hart. Dann aber zeigte es sich, zu Werners maßloser Verblüffung, daß er auch ohne seine Geschäftsverbindungen zu Westberlin existieren konnte. Nicht einmal die Konkurrenz der HO-Verkaufsstelle brauchte er länger zu fürchten. Noch immer gab es genug Leute, die dem sachlichen HO-Service den des Privatmannes, bei dem sie außer ihrem defekten Gerät auch gleich allen Familientratsch abladen konnten, vorzogen – ganz abgesehen davon, daß die Wartezeiten bei Irmchen und Werner tatsächlich kürzer waren. In erstaunlich kurzer Zeit hatte sein Betrieb den alten Status erreicht, und alles hätte wie früher seinen Gang gehen können.

Doch weder Irmchen noch Werner waren aus dem Holze geschnitzt, sich mit dem bereits Erreichten zufriedenzugeben. Kaum »lief der Laden«, da spähten sie schon nach neuen Unternehmungen aus. Ein Wohnwagenanhänger sollte gebaut werden! Statt nach Feierabend wie andere vor dem Bildschirm zu sitzen oder sich allenfalls – was dringend nötig gewesen wäre! – mit Wolf-Dieters Fortschritten in der Schule vertraut zu machen, klopften und hämmerten die beiden bis in die Nächte hinein auf dem Hofe herum und gönnten sich nicht eher Ruhe, bis der Wohnwagen »stand«. Die nächsten drei Jahre zigeunerten sie durch die Volksdemokratien, fuhren nach Ungarn, Bulgarien und in die UdSSR, natürlich immer nur zu zweien, weil Wolf-Dieter ja bei der alten Frau Grimma in guter Obhut war. Dann hatten sie das Herumvagabundieren satt. Anstelle des Wohnwagens, den sie günstig abstoßen konnten, kauften sie sich an der Küste eine Bauernkate (jeder private Einzelhändler oder Handwerker hatte damals schon sein Wochenendhaus). Die Grimmasche Kate mußte teilweise abgetragen, vergrößert, neu gedeckt und in ihrem Grundriß völlig verändert werden. Die Arbeit erstreckte sich über Jahre. Diesmal wurde auch Wolf-Dieter hinzugezogen. Doch kühlte sich Werners Verhältnis zu seinem Adoptivsohn merklich ab, als er feststellen mußte, daß der Junge nur Flausen im Kopf, aber keinerlei Lust und Liebe zur körperlichen Arbeit hatte. »Man weiß eben nie, was in solch einem Jungen steckt«, sagte er mißmutig zu Irmchen, und Irmchen, die ihn sofort verstand, fügte seufzend hinzu: »Es ist nicht das eigene Blut.« – Sie ließen den Jungen also lieber wieder zu Hause, und die alte Frau Grimma war froh, nicht mehr ganz verlassen in dem weiträumigen Haus hocken zu müssen; die jungen Grimmas fuhren ja, um sich zu regenerieren, Sonntag für Sonntag und später auch an den arbeitsfreien Samstagen hinauf an die See in ihre Bauernkate.

Nicht, daß die »Kinder« sie nicht gelegentlich aufforderten, mit hinaufzukommen. An der Einweihungsfeier hatte sie teilnehmen dürfen, und einmal war sie auch im letzten Sommer in »Irmchens Ruh« gewesen. Bei der Fete zur Einweihung hatte sie noch tatkräftig mitgeholfen – mit fünfundsiebzig war sie immer noch gut in Form gewesen. Sie hatte die Flaschen geöffnet und den Wein kredenzt, später hatte sie immer neuen Kaffee gebrüht und die kalten Platten gerichtet – viel war sie aus der Mini-Küche nicht herausgekommen. Aber sie hatte doch an den vielen Gästen ihre Freude gehabt: sogar ein Opernsänger mit seiner Frau war dabei gewesen, weiß der Himmel, woher Werner und Irmchen die Beziehungen hatten. Dem Sängerpaar war sie auch im letzten Sommer oben wiederbegegnet. »Die beiden verleben ihren Urlaub bei uns«, erklärte ihr Werner kurz. Die Urlauber wohnten im Gästezimmer, und sie, Werners Mutter, sollte im Kaminzimmer auf dem Sofa schlafen. Doch abends wurde im Kaminzimmer lange gezecht, und sie hatte dabeigesessen und sich gelangweilt und war fortwährend eingenickt. Mitten in der Nacht waren noch andere Leute gekommen, Freunde von Freunden, die gehofft hatten, auf dem Sofa kampieren zu können; nun gingen sie maulend daran, ihr Zelt aufzubauen. Die alte Frau Grimma hätte sich am liebsten in einem Loch verkrochen.

Nein, das war nichts mehr für sie, lieber blieb sie ruhig zu Hause, denn Ruhe brauchte sie jetzt. Manchmal dachte sie voll Wehmut an ihre frühere Anderthalbzimmer-Wohnung, die so still und abgelegen gewesen war. Hier war an Ruhe nicht zu denken, schon Wolf-Dieters wegen. Wolf-Dieter war jetzt fünfzehn und so groß und breit, daß er die alte Frau mit seinen Bärenkräften leicht hätte umrennen können. Oft brachte er Freunde mit in seine Bude. Merkwürdigerweise hatte er gerade die schlechten Schüler zu seinen Freunden erkoren – die alte Frau hätte sie am liebsten vor die Tür gesetzt. Wie leicht konnte ihr schlechtes Beispiel auf ihren

Enkelsohn abfärben! Wolf-Dieter, wenn er das hörte, lachte ihre Bedenken hinweg. Überhaupt fuhr sie am besten mit ihm, wenn sie gar nichts sagte. Nur wenn er ihr seine Platten in die Ohren gellte, wagte sie einen schüchternen Einwand, doch wenn er sich nicht daran kehrte, stopfte sie sich Watte ins Ohr, das hatte den gleichen Effekt.

Eines Sonntags (wenn sie allein war, benutzte sie immer unten den Waschraum) wurde ihr schwarz vor den Augen, sie taumelte und stürzte hinterrücks in die Badewanne. Als sie aus ihrer Ohnmacht erwachte, tastete sie vorsichtig alle Teile ihres Körpers ab: nein, es war nichts gebrochen, aber Arme und Beine lagen wie losgelöst und wollten ihr nicht mehr gehorchen. Irmchen und Werner fanden sie abends bei ihrer Heimkehr halbtot, schweißüberströmt nach den vielen vergeblichen Versuchen, sich wieder auf die Beine zu stellen. Sie waren selber heftig erschrocken. »Wir dürfen Muttchen nicht wieder allein lassen«, sagte Werner zu Irmchen, in seinem Ton schwang nicht nur Sorge, sondern auch Ärger mit. Der Urlaub stand vor der Tür; drei lange Wochen in trauter Zweisamkeit in »Irmchens Ruh« – die wollten sie sich durch keine Gewissensbisse trüben lassen. Muttchen sollte also verreisen. Irmchen half ihr beim Kofferpacken, und Werner, der Telegramme hin und her gewechselt hatte, brachte seine Mutter zum Bahnhof und schickte sie wie ein Postpaket nach Berlin-Grünau, von wo die entfernte Verwandte auf die Ankündigung des überraschenden Besuches mit einigem Befremden geantwortet hatte. Immerhin, sie erklärte sich bereit, Muttchen aufzunehmen.

Es wurde eine schöne, geruhsame Zeit. Die alte Frau Grimma saß im Garten, am Ufer der träge vorbeifließenden Dahme, und ließ sich von der entfernten Verwandten, einer munteren Sechzigerin, nach Herzenslust verwöhnen. Am liebsten wäre sie gar nicht wieder weggefahren. Doch die »Kinder« schrieben, daß sie zu Hause wären, da mußte sie auf und davon. Daheim harrte ihrer eine böse Überraschung: Werner hatte Wolf-Dieter ins Internat gesteckt. »Sollen andere sehen, wie sie mit ihm fertig werden«, sagte er grob. Nach und nach holte seine Mutter die Wahrheit aus ihm heraus. Wolf-Dieter war mit seinem Freund auf einem gestohlenen Motorrad durch die Landschaft geprescht; unterwegs wurden sie von einer Verkehrsstreife angehalten – dabei kam das Ganze heraus. Der »Freund«, der schon mehrere Diebstähle auf dem Kerbholz hatte, wurde sofort festgenommen. Wolf-Dieter war noch mal mit einem blauen Auge davongekommen. Angeblich hatte er von dem Diebstahl nichts gewußt. »Das kannst du glauben oder nicht glauben«, sagte Werner. »Aber Polizei kommt mir seinetwegen nicht noch mal ins Haus.« – »Ja, stell dir vor«, sagte auch Irmchen entrüstet, »Polizei – zu uns! Wo wir noch nie gegen die Gesetze verstoßen haben . . .« – Bloß die Heimat, die euch ernährt, habt ihr klammheimlich im Stich lassen wollen, dachte die alte Frau Grimma. Doch sie hütete sich, es laut zu sagen. Die Kehle war ihr sowieso wie zugeschnürt.

Nun wurde es noch stiller an den Wochenenden. Manchmal ließ die Alte absichtlich einen Gegenstand fallen, bloß um das klappernde Geräusch zu hören. Oder sie ging in das Zimmer des Jungen, das jetzt immer aufgeräumt war, und beim Anblick der Firlefanzereien an den Wänden, über die sie sich immer geärgert hatte, fand sie seltsamen Trost. Das konnte er doch nicht alles vergessen haben! Doch warum kam er nicht – nicht einmal des Sonntags, wenn sie alleine war? Ein einziges Mal war er dagewesen, war gekommen, um irgend etwas aus seinem Zimmer zu holen – und sofort wieder davongestürmt. »Tschüs, Oma, keine Zeit«, hatte er ihr nur zugerufen und hatte sich wie Nebel vor ihr aufgelöst. Seitdem war er verschollen. Werner nahm es nicht tragisch. »Du kannst das Zimmer des Jungen doch jetzt wieder mitbenutzen«, sagte er einmal leichthin. Die alte Frau versteifte sich vor innerem Widerstreben. Nein, das wäre ihr wie Frevel erschienen. Als wollte sie Wolf-Dieter mit Stumpf und Stiel aus ihrem Herzen reißen.

So gingen die Jahre dahin. In diesem Monat sollte die Greisin achtzig werden, Werner wollte aus diesem Anlaß »ein Faß aufmachen«. Na ja, verteidigte er sich munter, achtzig werde sein Muttchen nur *einmal*, das müsse begossen werden! Mit Irmchens Hilfe baute er die untere Etage um, es mußte Platz für die Schar der Gäste geschaffen werden. Die halbe Nachbarschaft war eingeladen, dazu sämtliche Freundschaften aus der Umgebung von »Irmchens Ruh«. Als der Tag endlich heran war, saß die Jubilarin inmitten der Gratulanten und fühlte sich überflüssig. Die einzigen Menschen, auf die sie Wert gelegt hätte, Wolf-Dieter und ihre Jugendfreundin Alma, waren nicht dabei. Wolf-Dieter hatte nichts von sich hören lassen, und Alma konnte sich aus eigner Kraft nicht fortbewegen. Den Sohn aber hatte sie nicht bitten mögen, Alma heranzuholen – es gab immer so viel anderes, was er erledigen mußte.

Im Herbst kündigte Rosa plötzlich ihren Dienst auf. Sie wollte heiraten und aufs Dorf ziehen, zwanzig Kilometer entfernt. Irmchen und Werner erörterten beim Abendbrot, was zu machen sei. Ein neues Mädchen aus dem Heim holen? Die jungen Dinger waren so unerfahren, und auf Muttchen war ja nun wirklich nicht mehr viel zu bauen. »Wenn du die Gehilfen dazu bringst, daß sie im Restaurant essen«, sagte Irmchen plötzlich energisch, »schaffe ich es allein. Schließlich ist es keine große Sache, für zwei zu kochen. Für die groben Arbeiten nehmen wir eine Zugehfrau.« – Mich zählen sie gar nicht mehr mit, dachte die alte Frau Grimma, die die ganze Zeit dabeigesessen und alles mitangehört hatte. Die Kinder hatten sich ja nicht einmal die Mühe gemacht, ihre Debatte zu verschieben, bis sie oben in ihrem Bett lag und sich schlaflos wälzte. Denn noch wie früher manchmal im Wohnzimmer zusammenzusitzen, bei einer Flasche Wein womöglich – das gab es nicht mehr. Die »Kinder« hatten ihr deutlich zu verstehen gegeben, daß ein Ehepaar zuweilen allein sein möchte. Blutrot vor Scham war sie unter vielen Entschuldigungen, wie ein geprügelter Hund, nach oben geschlichen.

Ja, die Zeiten hatten sich geändert; auch Werner war älter geworden. Manchmal sprach er schon mit Irmchen davon, ob sie nicht »abbauen« sollten. Ihre »Errungenschaften« begannen ihnen allmählich eher lästig zu werden. Sie besaßen jetzt zwei Autos (das zweite war illegal und auf den Namen eines Freundes zugelassen), ein Wochenendhaus, ein schnittiges Segelboot – doch nach einer arbeitsreichen Woche hatte Werner meist nur noch das Bedürfnis, sich hinzuhauen. Gerade das war ihm verwehrt. Statt dessen mußte er sein Auto quer durch Mecklenburg 150 Kilometer weit zur Küste steuern, wo die Wochenendgäste schon darauf warteten, sich von ihm und Irmchen bedienen zu lassen. Hatten sie das alles nötig? Für wen strampelten sie sich ab? Für Wolf-Dieter, den Versager, am allerwenigsten. Der hatte es erst kürzlich wieder leichtsinnig abgelehnt, in Werners Fußstapfen zu treten und den Beruf des Fernsehmechanikers zu erlernen, um später den väterlichen Betrieb, den er erben sollte, führen zu können. Er pfeife auf sein Erbe, hatte er lachend erklärt; er besuche jetzt eine Fachschule, werde vielleicht sogar studieren, er komme schon selber durch! – »Verstehst du das?« fragte Irmchen. Auch Werner konnte sich keinen Vers darauf machen. »Sie delegieren ja manchmal welche«, sagte er nur. Einerlei, auf den Jungen brauchten sie also nicht länger Rücksicht zu nehmen. Auf wen aber sonst? Sollten sie sich allein wegen der

Gehilfen oder etwa gar wegen der Kundschaft weiter schinden? Werners Bankkonto wies ein Sümmchen auf, von dem er und Irmchen — vorausgesetzt, daß sie eine Kleinigkeit, etwa als HO-Angestellte, hinzuverdienten — für den Rest ihrer Tage leben konnten. Und bequemer als jetzt. Werner hatte bereits einen Herzinfarkt hinter sich, und Irmchen hatte sich beim Eissegeln über den Bodden, an dem sie durchaus hatte teilnehmen müssen, eine hübsche Nervenentzündung eingeheimst. Beide hatten sie im letzten Winter krank im Bett gelegen, während ihre Kollegen vom staatlichen Handel immer molliger wurden und vor Gesundheit strotzten. Nein, sie sollten Ballast abwerfen. Hatten sie nicht am Stadtrand ein hübsches Einfamilienhaus? Freilich würden sich einige Umbauten nicht vermeiden lassen, um es für ihre Bedürfnisse maßgerecht zurechtzuschneidern.

Werner und Irmchen hatten also einen neuen Lebensinhalt. Bald lagen die Pläne für den Umbau über die ganze Wohnung verstreut. Irmchen besaß eine bewundernswerte Fertigkeit, Grundrisse maßstabgerecht aufs Papier zu bringen, während Werner mehr genial die große Linie entwarf. Mit einem Federstrich entzog er die Geschäftsräume — Werkstatt und Büro — ihrem bisherigen Zweck und begann sie dem eigentlichen Wohntrakt einzuverleiben; dadurch entstand eine Fläche, aus der sich schon »etwas machen lasse«, wie er strahlend verhieß. Küche und Bad konnten endlich vergrößert werden. Die Diele mit dem Eingang wurde zum Eßzimmer umfunktioniert, um die bisherige Unsitte, in der Küche zu essen (ein Zugeständnis an die nachlassenden Kräfte der alten Frau Grimma) endlich liquidieren zu können. Irmchen bestand auf einem »Damenzimmer«, und auch für Wolf-Dieter würde, falls er doch einmal käme, ein Kämmerchen reserviert bleiben müssen. »Wolf-Dieter? Der hat doch oben sein Zimmer«, warf hier Irmchen ein. Werner machte ein Gesicht, wie Knecht Ruprecht kurz vor der Weihnachtsbescherung: mit den Mansardenzimmern habe er seine besonderen Pläne, tat er kund, er wolle sein und Irmchens Schlafzimmer dorthin verlegen! — »Wie denn?« fragte Irmchen begriffsstutzig. Also die Zwischenwand werde man herausreißen müssen, fing Werner an zu erklären, dadurch erhalte man einen einzigen Raum. Die schrägen Wände würden durch Platten verkleidet, so daß dahinter zwei Abstellräume entstünden, die in einem Haus nie zu verachten seien. Unter dem Dachfirst werde er einen Balkon anbauen ... Er stockte. Irmchen erweckte den

Eindruck, als ob sie ihm überhaupt nicht mehr folgen könne. Sie wies mit dem Finger zur Decke. »Aber . . . aber . . .«, stotterte sie hilflos. Werner rückte seinen Stuhl näher zu Irmchen heran. »Hör zu«, sagte er geduldig. »Wenn wir schon planen, müssen wir großzügig planen. Auch Muttchen wird leider nicht ewig leben. Sie wird jetzt zweiundachtzig. Sollen wir uns ihretwegen die doppelten Kosten machen? Natürlich bringen wir sie nicht ins Altersheim, wie es andere täten. Solange Muttchen da ist, werden wir beide wie bisher unten schlafen. Aber ich sehe nicht ein, warum man nicht immer schon mit dem Umbau beginnen kann.«

Noch am selben Abend hielt er Zwiesprache mit seiner Mutter. Das war seit vielen Jahren nicht mehr vorgekommen. Die alte Frau Grimma durfte sogar wieder mit im Wohnzimmer sitzen. »Es wird natürlich ein wenig unruhig werden«, räumte Werner ein. »Dafür hast du es hinterher um so schöner. Stell dir vor: dieser weite Raum! Bisher hast du dich doch mächtig einpferchen müssen . . . « – »Aber es war so gemütlich da drinnen«, lispelte die alte Frau. – »Es wird auch wieder gemütlich«, tröstete Werner. Dann stand er auf und machte sich an der Bar zu schaffen, weil er die Unterredung für beendet hielt.

Schon in der Woche darauf rückten die ersten Handwerker an, Werner hatte so seine Verbindungen. Da die Auflösung des Betriebes Zeit erforderte, wurde mit den Umbauarbeiten unter dem Dach begonnen. Muttchen mußte vorübergehend ihre Lagerstatt auf der Diele aufschlagen. Irmchen hatte flugs einen Plastevorhang um ihr Bett gespannt. Am Sonntag fuhren die jungen Grimmas nach »Irmchens Ruh«, auf Werners Verkaufsinserat hatten sich Dutzende von Reflektanten gemeldet. Aufgekratzt – sie hatten beim Verkauf über Erwarten gut abgeschnitten – kehrten sie am Sonntagabend in ihr Haus zurück. Irmchen stolperte über ein Bündel, das am Boden lag. Werner bücke sich als erster. Gemeinsam trugen sie die leichte Last auf ihr Bett zurück. Auf dem Telefontisch stand noch das Wasserglas, an den Rändern hafteten weißliche Krümelreste. Später hatte die alte Frau wohl nicht mehr die Kraft gehabt, sich bis zum Bett zu schleppen. Stumm standen die beiden einige Minuten lang vor der stummen Gestalt. Dann warf sich Irmchen an Werners Brust. »Wir waren doch so glücklich zusammen«, schluchzte sie. Werner dachte eine Weile angestrengt nach. »Sie muß es in einem Moment geistiger Umnachtung getan haben«, sagte er endlich. »Einen vernünftigen Grund, es zu tun, hatte sie nicht. Sie hatte doch bei uns den Himmel auf Erden.«

IRMTRAUD MORGNER

LEBEN UND ABENTEUER DER TROBADORA BEATRIZ NACH ZEUGNISSEN IHRER SPIELFRAU LAURA

Viertes Buch

17. Kapitel

Darin beschrieben steht, was Beatriz de Dia über Lauras gewöhnliches Vorleben nach und nach erfuhr

Laura war die einzige Tochter des Lokomotivführers Johann Salman und seiner Frau Olga. In der zwölften Klasse der Schule, die Laura besuchte, entschieden sich die Schülergenossen für die Volksarmee, die Schülergenossinnen für die philosophische Fakultät. Laura wurde an der Humboldt-Universität immatrikuliert. Im ersten Semester verliebte sie sich in den Ökonomiestudenten Axel. Der schön war und klug und ideal passend zu Lauras Leib. Er schwängerte sie also bald. Aus Angst vor den Vorwürfen der Eltern aß Laura Chinin. Vergeblich. Nun steigerte Furcht vor einer möglichen Schädigung der Leibesfrucht Lauras Angst zu Panik, Bittgänge zu Ärzten, die ihr keine Hilfe gewährten, weil sie sich nicht strafbar machen wollten, aber Demütigungen. Ein doppelt promovierter Gynäkologe sagte: »Dachtest du, der Spaß ist umsonst?« Ein einfach promovierter verlangte Spaß für sich und tausend Mark. Eine Frau, der Laura vom Chinin erzählte, bezeichnete debile Kinder als Gottesstrafe. Schließlich griff Laura zur Stricknadel. Und verletzte sich gefährlich. Konnte aber aus dem Krankenhaus entlassen werden. Von Axel, der sie abholte, verabschiedete sie sich noch am selben Abend für immer. Im zweiten

Semester verliebte sie sich in den Philosophieprofessor K. und hörte seine Vorlesungen möglichst in der ersten Sitzreihe. Im dritten Semester heiratete sie den Assistenten Uwe Parnitzke. Der ruhig war und fleißig und unpassend zu Lauras Leib. Manchmal sang sie für ihn Kampflieder zur Laute, als Mitglied des Universitätschors verfügte sie über ein großes Repertoire dieser Gattung. Manchmal besuchten sie gemeinsam Veranstaltungen von Volkskunstensembles. Da Uwe ein gleichmütiger, disziplinierter und unegoistischer Mensch war, konnte Laura fast ohne Monatsangst leben und im Gegensatz zu mancher Kommilitonin das Staatsexamen ohne Studienunterbrechung erreichen. Aspirantur. Lauras Befürchtung, bei der Abtreibung zu Schaden gekommen zu sein, erwies sich als unbegründet. Noch im ersten Aspirantenjahr gebar sie ein Mädchen. Das den Namen Juliane erhielt. Die Institutsleitung erwirkte einen Krippenplatz für Juliane. Die glückliche Mutter brachte die Tochter morgens in die Krippe, holte sie abends, wusch Windeln und auch sonst alle Wäsche der Familie, kochte, kaufte ein, säuberte die Wohnung, ging mit dem Kind zum Arzt, betreute es, wenn es krank war. Uwe war als Journalist damals häufig auf Dienstreisen. Laura geriet mit den Kommentaren in Verzug, die sie für eine Editionsarbeit des Professors zu liefern hatte. Ihre Forschungsberichte über den Dichter Frank Wedekind bezeichnete er als zunehmend dürftig. Manchmal hielt sie unvorbereitet Seminare. Gab sogar mitunter die Tochter leicht fiebrig in der Krippe ab, um ihren Lehrveranstaltungen nachkommen zu können. 1958, elf Tage vor ihrem ersten Geburtstag, starb Juliane an Lungenentzündung. Wenig später bezichtigte sich Laura ideologischer Unklarheiten und bat um Delegierung in die Produktion. In den folgenden Jahren arbeitete sie bei VEB (K) Bau Heidenau und auf renommierten Großbaustellen der Republik. Von Uwe, der solches Verhalten als Proletkult, Goldgräberromantik und dem Familienleben abträglich bezeichnete, ließ sich Laura 1959 nach fünf Ehejahren scheiden. Seit 1965 fuhr sie Stadtbahnzüge durch die Hauptstadt Berlin.

18. Kapitel

Laura wird ein Angebot gemacht

Der wahrhaftige Bericht bewog Beatriz, Laura als Spielfrau zu qualifizieren. »Wir haben uns gesucht und gefunden«, sagte die

Trobadora enthusiastisch. Laura, die sich unter »Spielfrau« nichts Genaues vorstellen konnte, vermutete ein Dienstleistungsgesuch in Richtung Aufwartung, Babysitter. Wodurch ihr Überschwang jäh gedämpft wurde. Sie hielt deshalb folgende grundsätzliche Erklärung für angebracht: »Erstens soll jeder Mensch, gleich, welchen Geschlechts, seinen Dreck selber wegräumen, und zweitens ist Triebwagenfahren nicht meine Beschäftigung, sondern mein Beruf.« – »Wunderbar«, entgegnete Beatriz, »seßhafte Menschen sind für Spielmannsberufe ungeeignet.« Sie versuchte Laura zu überzeugen, daß die angebotene Arbeit leicht wäre, da Dichten nicht verlangt würde. Früher hätten die Spielleute zwar bekanntlich viele Texte selber verfaßt, Lieder, Märchen, ganze Epen, Dichten besorge sie aber garantiert allein, ihr wäre mit Lautenspiel, etwas Interpretation und gewissen organisatorischen Behilfen gedient. Die Auskünfte zerstreuten Lauras Verdacht und stimmten sie versöhnlich, jedoch nicht um. Beatriz konnte sich die derzeitige Unüblichkeit des Berufs nur mit Arbeitskräftemangel erklären. Denn sie wußte aus der Zeitung, daß die hiesigen Dichter nicht minder durchs Land reisten als die provenzalischen Trobadors. Wären die hiesigen Dichter denn sämtlich in der Lage, ihre Werke gut vorzutragen? Laut; verglichen mit den Fabriksälen wären die provenzalischen Schloßsäle Kammern gewesen, verfügten denn alle Dichter des Landes über voluminöse Stimmen? Bei desinteressiertem oder niederem Publikum hätten die provenzalischen Trobadors oft nur schaugesessen und das gesamte Programm von der Spielfrau beziehungsweise vom Spielmann bestreiten lassen. Beatriz hätte auch Spielmänner gehabt. Spielfrauen wären für sie aber vielseitiger verwendbar gewesen, weil auch das Wahrnehmen von uninteressanten oder unzumutbaren Rendezvous, die abzuschlagen die Trobadora sich aus sittlichen Gründen nicht leisten konnte, zur üblichen Arbeit der Spielfrau gehört hätte. Beatriz beeilte sich zu versichern, daß Laura letzteres im Anstellungsfall nicht erledigen sollte. Laura erinnerte unwillig daran, daß sie auf dem Schonplatz S-Bahnhof Greifswalder Straße Fahrkarten verkaufen müßte und das Kind ordentlich herstellen, erbat kurzum ein anderes Gesprächsthema und kochte Kaffee. Beatriz konnte nicht umhin, den Kaffee zu preisen. Laura konnte nicht umhin, Leserzuschrift und Selbstkritik zu tadeln. Als zu wahr. »Dir fehlt Pragmatismus«, sagte Laura. »Gottlobe«, sagte Beatriz, »und dir Charakter.« – »Gottlob«, sagte Laura und erzählte eine zu wahre Geschichte.

19. Kapitel

Das die Geschichte wiedergibt, die Laura als zu wahr bezeichnet

Kaffee verkehrt: Als neulich unsere Frauenbrigade im Espresso am Alex Kapuziner trank, betrat ein Mann das Etablissement, der meinen Augen wohltat. Ich pfiff also eine Tonleiter rauf und runter und sah mir den Herrn an, auch rauf und runter. Als er an unserem Tisch vorbeiging, sagte ich »Donnerwetter«. Dann unterhielt sich unsere Brigade über seine Füße denen Socken fehlten, den Taillenumfang schätzten wir auf siebzig, Alter auf zweiunddreißig. Das Exquisithemd zeichnete die Schulterblätter ab, was auf Hagerkeit schließen ließ. Schmale Schädelform mit rausragenden Ohren, stumpfes Haar, das irgendein hinterweltlerischer Friseur im Nacken rasiert hatte, wodurch die Perücke nicht bis zum Hemdkragen reichte, was meine Spezialität ist. Wegen schlechter Haltung der schönen Schultern riet ich zu Rudersport. Da der Herr in der Ecke des Lokals Platz genommen hatte, mußten wir sehr laut sprechen. Ich ließ ihm und mir einen doppelten Wodka servieren und prostete ihm zu, als er der Bedienung ein Versehen anlasten wollte. Später ging ich zu seinem Tisch, entschuldigte mich, sagte, daß wir uns von irgendwoher kennen müßten, und besetzte den nächsten Stuhl. Ich nötigte dem Herrn die Getränkekarte auf und fragte nach seinen Wünschen. Da er keine hatte, drückte ich meine Knie gegen seine, bestellte drei Lagen Sliwowitz und drohte mit Vergeltung für den Beleidigungsfall, der einträte, wenn er nicht tränke. Obgleich der Herr weder dankbar noch kurzweilig war, sondern wortlos, bezahlte ich alles und begleitete ihn aus dem Lokal. In der Tür ließ ich meine Hand wie zufällig über eine Hinterbacke gleiten, um zu prüfen, ob die Gewebestruktur in Ordnung war. Da ich keine Mängel feststellen konnte, fragte ich den Herrn, ob er heute abend etwas vorhätte, und lud ihn ein ins Kino »International«. Eine innere Anstrengung, die zunehmend sein hübsches Gesicht zeichnete, verzerrte es jetzt grimassenhaft, konnte die Verblüffung aber doch endlich lösen und die Zunge, also daß der Herr sprach: »Hören Sie mal, Sie haben ja unerhörte Umgangsformen.« – »Gewöhnliche«, entgegnete ich, »Sie sind nur nichts Gutes gewöhnt, weil Sie keine Dame sind.«

20. Kapitel

Darin Lauras erfinderischer Geist schließlich knapp siegt

Lauras Geschichte stürzte Beatriz in Verzweiflung. Derart, daß sie sich im Bad einschloß. Auf dem Wannenrand hörte sie die Versprechungen der Freundin, die an der Tür rüttelte: Kalbssteak, Cinzano, Mozart. Die Versprechungen empfand Beatriz als geschmacklos, ja beleidigend unangebracht. Da fielen die Tränentropfen in kürzeren Abständen auf den Rock als die Wassertropfen in die Wanne. Und das knatternde Geräusch in der Wasserleitung weckte Assoziationen an Maschinengewehre. Niedergemäht alle Hoffnungen, den Garaus gemacht mit einer Salve. »Ich bin ein Leichnam«, sagte Beatriz, als sie nach einer Weile das Bad wieder verließ. »Ein wandelnder Leichnam. Auch zu wahr. Wie die Geschichte. Die ein Offenbarungseid ist. Ach Laura, Gottverdammich.« – »Ach Beatriz, Gottverdammich«, erwiderte Laura mit schlechtem Gewissen und geleitete die Freundin auf den Balkon. Dort strahlte die Sonnenhitze zurück von den Waschputzwänden. Unter den Schuhsohlen knirschten Steinchen und andere Zuschlagstoffe, die der letzte Regen aus dem Putz gewaschen hatte. Flugasche fiel vom dunstigen Himmel. Eine graubraune Gaswerkwolke verdeckte vorübergehend die Sonne. Die beiden Frauen fanden knapp Platz auf dem dachlosen Balkon. Beatriz saß gebeugt auf dem Stuhl, Laura saß breitbeinig mit schräg nach hinten gelehntem Rücken, die Hände über der unteren Kugelbauchhälfte verschränkt. Weshalb ihr der Satz »Es ist alles nicht so schlimm« leicht von der Zunge ging. »Was«, schrie Beatriz da wie vom Bohrer des Zahnarzts am Nerve getroffen, »ich habe achthundertacht Jahre umsonst verschlafen, ich begreif plötzlich, daß ich meine Berufung nach wie vor verleugnen muß: mich. Kein Wunder, daß ich keine ordentliche Anstellung finde. Die Sitten erlauben keine, man kann nicht finden, was es nicht gibt. Ein passiver Trobador, ein Objekt, das ein Subjekt besingt, ist logischerweise undenkbar. Paradox.« – »Ein Witz«, bestätigte Laura, »die Erotik ist bei uns die letzte Domäne der Männer, auf allen anderen Gebieten sprechen die Gesetze unseres Landes den Frauen Gleichberechtigung zu. Mußt du dich denn ausgerechnet mit dieser letzten, gesetzlich kaum faßbaren Domäne, die die Männer begreiflicherweise hartnäckig verteidigen, beruflich anlegen, kannst du nicht was anderes . . .« – »Nein«, sagte Beatriz schroff. »Jetzt befremdet mich auch nicht mehr, daß ich bisher keine Kollegin traf. Wenn weibliche Trobadors im Prinzip noch ebenso unstatthaft empfunden werden wie vor achthundert Jahren, gibt es auch nicht mehr als damals. Kannst du mir vielleicht sagen, wie ich Persephone zu weiteren achthundert Schlafjahren überrede?« – »Nein«, sagte Laura. Auch schroff. Sie verurteilte solche Konsequenzen als schwächlich. Eigentlich teilte sie die Ansichten ihres Vaters über Leute, die sich den Gegebenheiten des Lebens nicht stellten. Die Gegebenheiten akzeptieren müßte ja nicht heißen, sie samt und sonders bejahen. Jedenfalls verlange der Vorgang Leben, Stolz, Realpolitik, Improvisationstalent. Und bestünde in der Fähigkeit, sich durchzubeißen. Wunder ja, aber keine privaten für Drückeberger. Außerdem gäbe es gar keine zu wahren Geschichten. Es gäbe nur wahre und unwahre. Und da Laura leicht beweisen könnte, daß sie gelogen hätte ... – »Unseriöse Kniffe«, sagte Beatriz. Hastig nannte Laura Privatwunder unseriöse Kniffe. Beatriz bezeichnete Laura als zimperlich. Sich Gegebenheiten stellen, wäre nur mit Chance als Zeichen von Stärke zu bewerten. »Wer zum Beispiel zu lebenslänglichem Kerker verurteilt wurde und keine Ausbruchspläne macht, ist nicht stolz, sondern feige. Beklagtest du nicht ebenfalls den Mangel an Solidarität unter Frauen? Er ist natürlich bei Wesen, die jahrtausendelang erniedrigt waren. Ihre Hoffnung, aus hoffnungsloser Lage zu entkommen, konnte nur auf Wundern gründen: das heißt auf Einzelaktionen. Ich bin aus der Historie ausgetreten, weil ich in die Historie eintreten wollte. Mir Natur aneignen. Zuerst meine eigne: die Menschwerdung in Angriff nehmen. Dieser Zweck heiligt alle Zaubermittel. Prost.« – »Prost«, sagte Laura auch, trank aber statt Wein Limonade. Dann schaufelte ihr Zeigefingernagel eine Weile in der Erde des unbepflanzten Blumenkastens, mit dem sie keinen Balkonwettbewerb gewinnen konnte. Als der dritte Maikäfer gegen ihren Kopf stieß, kam ihr erfinderischer Geist endlich in Gang. Bald sagte Laura: »Die Geschichte ist erstens unwahr, zweitens kenne ich einen jungen Mann, der Kindergärtner werden will, drittens erholt sich meine Mutter regelmäßig, indem sie Neubauviertel in Karl-Marx-Stadt besucht, wo man junge Männer Fenster putzen sehen kann und Wäsche aufhängen, weißt du was? Du haust beim Zirkus in den Sack, wirst zum Beispiel Mitarbeiterin beim Frauenmagazin, die Redaktion verschafft dir einen Zuzug nach Berlin, ich such dir hier in der Nähe eine

Wohnung, und jetzt essen wir Fruchtsalat mit Schlagsahne.« –
»Beim Frauenmagazin«, fragte Beatriz, »gibt es denn überhaupt . . .,
es ist doch unmöglich, daß . . .« – »Bei uns ist nichts unmöglich«,
antwortete Laura aus der Küche, steckte die Schlagbesen ins
Mixgerät und warf die Apparatur an.

MAXIE WANDER

LENA K., 43, DOZENTIN AN DER HOCHSCHULE FÜR BILDENDE KÜNSTE, VERHEIRATET, DREI KINDER

Das Rädchen Partnerschaft

Letzte Nacht habe ich einen meiner Kafka-Träume gehabt. Die träume ich immer dann, wenn ich am Verdursten bin. Ein Traum von sanfter Liebe mit einem, dessen Gesicht ich nicht sehe. Und ich renne früh in die Stadt, wo sie am dichtesten ist, und ich will ihn wiederfinden. Aber ich habe einen dicken Bauch und eine alte Brust, und es ist zu spät. Von diesem Mann habe ich schon als Kind geträumt, und dieses Verlangen nach dem Absoluten habe ich bis heute. Ich hatte unbeschreibliche Sehnsucht, wenn mich einer mit dem Finger berührte, aber wenn er dann Besitz von mir ergriff, war ich tot und ausgelöscht. Dieses weite Feld zwischen der Fingerspitze und der Umarmung habe ich nie in Ruhe durchschreiten können. Ich hatte immer das Gefühl, ich laufe den Ereignissen hinterher, ich kriege keine Luft.

Für einen einzigen Menschen war ich *die* Frau, er hat mich wirklich erkannt. Das war Clemens, mein erster Mann. Und er ist tot. Die andern waren nur von dem Trieb beherrscht: Man muß eine Frau nehmen. Die haben nach Klischee geliebt, ich habe mitgemacht, auch nach Klischee, aber dann war ich ironisch, dann war ich bösartig. Ich erwarte von einem Mann nicht, daß er einen Orgasmus auslöst bei mir, so etwas geschieht schnell. Ich erwarte die seelische Berührung, das Gefühl: Ich habe dich erkannt, ich brauche gerade *dich* in diesem gemeinsamen Stück Leben.

Ich habe mich immer dagegen gewehrt, daß die Männer uns

einteilen in Frauen fürs Bett, Frauen für das geistige Gespräch und Frauen, die ihr Innenleben verstehen, die Mütterlichen. Wenn manche Männer mit einer Frau geschlafen haben, kommt sie als Gesprächspartnerin nicht mehr in Betracht. Andere Männer können sich mit einer Frau nur einlassen, wenn sie ihre eigenen Gefühle auf Eis legen. Wenn man bei diesen Leuten schlecht in Schwung kommt, werfen sie einem vor, man ist verklemmt oder nicht emanzipiert genug. Es herrscht ja ein ziemliches Durcheinander in unseren Vorstellungen. Ich habe mich eigentlich immer danach gesehnt, einen Mann zu finden, dem ich alles sein kann und der mir alles sein kann. Doch das bleibt ein Traum. Wir haben noch immer geringere Möglichkeiten als die Männer, uns allseitig zu entwickeln.

Trotzdem habe ich mich in gewisser Hinsicht sehr männlich verhalten, ich habe die Vorrechte der Männer benutzt. *Ein* Mann reichte mir nie. Ich brauchte immer einen für den Körper, einen für den Geist und einen für die Seele. *Ein* Mann hätte das schwerlich leisten können. Ich habe viele Männer durchprobiert, an der einen oder anderen Stelle. Das ist eine Art Don-Juan-Bedürfnis geworden, nicht in Hinsicht von Leichtfertigkeit, sondern eher von Nichtankommen und Immer-schneller-laufen-Müssen, Immer-mehr-Mitnehmen, Immer mehr Angst-Haben.

Weil ich so eine Walkürenfigur bin, glaubt jeder, mich wirft nichts um. Jeder weint sich an meinem Busen aus. Mir fällt ein Traum ein. Ich nehme Träume ernst, weil sie mir verraten, was man sonst nicht ohne weiteres über sich erfährt. Ich träume, ich liege mit meinem zweiten Mann auf einer Sommerwiese, die von einer Mauer umzäunt ist. Auf einmal ziehen lange Giraffenhälse draußen vorbei, und dann trottet eine Herde vorsintflutlicher Riesentiere auf uns zu. Walter nuckelt vor Entsetzen an seinem Daumen. Seine Schwäche macht mich mutig, ich verscheuche die gefährlichen Tiere. Dann mache ich mich groß mit meiner angeblichen Furchtlosigkeit. Warum glauben sie einem so leicht, daß man keine Angst hat? Warum muß ich immer die anderen beschützen, sogar meinen Mann, warum beschützt *mich* keiner?

Man müßte beides können: dienen *und* herrschen. Ich glaube, daß starke Persönlichkeiten eher zum Dienen fähig sind. Wenn du in der Lage bist, andere in den Griff zu bekommen, dann bist du auch in der Lage, dich anderen unterzuordnen. Oberflächlich gesehen, bin ich nicht zum Dienen geboren, weil ich noch niemanden gefunden habe, vor dem ich in die Knie gehen könnte.

Vielleicht bleibt letzten Endes nur Gott, dem man sich ohne Vorbehalte ausliefern könnte? Der erste Mann in meinem Leben war tatsächlich der liebe Heiland, dem habe ich treu gedient. Jede sinnliche Regung war Sünde. Ich habe gelernt, daß ein Mädchen nur durch Klugheit wirken kann. Vielleicht werde ich das nie los. Ich schäme mich immer ein wenig, wenn sich Sinnlichkeit bei mir bemerkbar macht. Gerade weil mein Körper so verteufelt wurde und mir so zu schaffen machte, will ich ihn benutzen. Ich habe meine Wirkung auf Männer immer nur als Intellektuelle erzielt, und dann waren sie überrascht, als sie ein weiches, weibliches Wesen dahinter fanden.

Mein Vater tolerierte den religiösen Fanatismus meiner Mutter, obwohl er Kommunist war. Er war auf seine Weise auch ein Fanatiker, er kämpfte zeit seines Lebens für die geistige Freiheit der Menschen und weniger dafür, daß die Menschen satt wurden oder frei über ihren Körper verfügen konnten. In geschlechtlicher Hinsicht war er Puritaner wie meine Mutter. Wahrscheinlich war ihr Geschlechtsleben vollkommen unterentwickelt. Vater kam aus dem KZ, als ich zwölf war. Ich halte es für möglich, daß sich seine Angst und sein Mißtrauen auf mich übertragen haben. Er konnte die entsetzlichen Erlebnisse nicht vergessen und versuchte, sie zu bewältigen, indem er sie mir und meiner Mutter erzählte. Ich erinnere mich an diese immer wiederkehrenden Berichte, die mir die Sonne verdunkelten. Ich war grausam überfordert, und so ist es vielleicht verständlich, daß ich mich dem lieben Heiland unterwarf, als einzige Rettung. Ich habe während meiner Jugend in drei Welten gelebt, in der Welt meines Vaters, im Inferno, in der wirklichen Welt der Lebenden, zu der ich wenig Zugang fand, und in den himmlischen Weiten meiner Mutter, die besonders eng waren. Aus diesem Dilemma hat mich eigentlich niemand herausgeführt, auch nicht mein erster Mann, der sehr irdisch war. Er war als Sechzehnjähriger in den Krieg geschickt worden und sprach nie über seine Erlebnisse. Vorher galt er als ein schüchterner, finisterer Junge, aber nach dem Krieg war er verwandelt. Er blieb heiter und glücklich, solange er lebte. Jede Arbeit, die sich ihm bot, erledigte er gern, nie klagte er über etwas. Mich wollte er durch Liebe heilen, und vielleicht wäre es ihm gelungen, wenn er am Leben geblieben wäre.

Walter, mein zweiter Mann, war noch ein Baby, als mein Vater ins KZ kam. Vielleicht sind wir gerade durch seine Unschuld so entfernt voneinander. Ich leide geradezu unter meiner Verantwortung ihm gegenüber. Ich will ihn um gefährliche Klippen herumführen, er aber ist ein Phänomen und kein Charakter, er zerfließt mir unter der Hand. Daher rührt vielleicht mein Bedürfnis, ihn einmal in den Griff zu bekommen. Ich glaube nicht, daß er ohne mich auskommen kann, so wie meine Söhne. Man darf sich nicht täuschen lassen von seinem Drang, davonzulaufen und verrückte Dinge auzustellen. So etwas hat ein Mensch, der seiner sicher ist, nicht nötig. Im Grunde hat er kein Vertrauen zu meinen Fähigkeiten, unser Leben zu organisieren. Er klagt nur: Du wirst schon sehen, was du dir aufhalst, nimm nur keine Rücksicht auf mich, vergleiche nur ja keine Terminkalender . . . Ich weiß aber, daß das alles geht, er darf mir nur nicht ständig die Hoffnung nehmen. Und mich ständig ablenken mit den dümmsten Geschichten. Diese ewigen Frauengeschichten, ich weiß nicht, was er mir damit beweisen will. Es ist eben seine Art von Emanzipation, wie er sie vor Jahren seiner Schwester gegenüber betrieben hat. Sie führt in die Sackgasse, aber ihn interessiert das nicht, er läuft Amok. Seitdem ich meine neue Funktion habe, ist unser Zusammenleben noch schwieriger geworden.

Er möchte fünf Schlüssel für sein Heim in der Tasche tragen, jeden Menschen empfindet er als Eindringling. Viele behaupten wie du, er wirbt um mein Verständnis. Ich merke nur, daß ihn alles anwidert, was ich mache. Wenn ich sage, schau, wie schön die Blumen sind, sagt er, red keinen Blödsinn, Lena, dich interessieren ästhetische Dinge gar nicht, dir ist es egal, ob ein Bild gerade oder schief hängt oder ob die Tasse angeschlagen ist, aus der du trinkst. Du bist ein richtiger Wagner, dich interessiert nur das Gespräch, da kann die Welt darüber untergehen, ich und alles kann zerbrechen, du siehst es nicht. Und das stimmt nicht, so ausschließlich bin ich nicht. Ich hasse diese Art von Sicherheit, daß man entweder das eine oder das andere ist. Ich weiß, daß sich Dinge und Menschen ständig verändern. Walter aber sagt: So bin ich eben, so mußt du mich nehmen. Ich sage: Das kann ich nicht, ich weiß, du warst gestern anders, und morgen wirst du wieder anders sein. Ich will ihm Spielraum gewähren, aber er möchte, daß jedes Ding, jeder Mensch seinen festen Platz und seinen Namen hat, ein für allemal. Für ihn ist die Geborgenheit das wichtigste, sein Heim, seine Ordnung. Er ist von seiner älteren Schwester großgezogen worden. Seine Mutter starb während seiner Geburt, sie war weit über

vierzig. Der Vater, der sie sehr geliebt hat, hat sich daraufhin an die
Front gemeldet und ist nicht mehr zurückgekommen. Die Schwester
war aber sehr widerspruchsvoll, und Walter ist nie flügge geworden.
Als wir uns kennenlernten, das war sehr merkwürdig. Ich kam aus
dem Sterbezimmer von Clemens. Da hat mir ein Fremder die Tür
aufgehalten und mich in ein Taxi gesteckt. Wir sind zu meiner
Freundin gefahren, bei der ich die Kinder gelassen hatte. Wir
standen im Flur, dieser magere schweigsame Junge und ich, nicht
mehr jung, und auf einmal erinnerte sich mein Körper an eine
Silvesternacht, die ich vor Jahren mit ihm verbracht hatte. Da war er
zwanzig und studierte. Bevor mein Hirn noch begreifen konnte,
daß Clemens tot war, wurde Walter mein Opium. Diese wahn-
sinnigen sexuellen Wochen fielen auch für Walter in eine Zeit, die
wichtig für ihn war. Er hatte ziemlichen Krampf mit seiner
Schwester, und nun kam er aus meinem Bett überhaupt nicht mehr
heraus. Schließlich gehörte er zur Familie und blieb ganz bei uns.
Meine Söhne haben ihn übrigens nie akzeptiert. Für sie blieb
Clemens ihr Vater. Im Grunde ist das auch meine Haltung. Ich habe
weder Clemens' Tod noch den meines Vaters bewältigt, deshalb
kann ich dir nichts dazu sagen.

Auf Walters Körper bin ich noch immer wild wie eh und je. Aber
solange er mir sicher war, hab ich nicht sehr auf ihn geachtet. Ich
hatte fast immer irgendeine Beziehung als Ventil. Ich konnte meine
überschüssige Kraft, meine überschüssigen Fragen an anderer Stelle
loswerden, deshalb brauchte ich Walter gegenüber nie fordernd zu
werden. Wir konnten sonntags in Ruhe zusammen frühstücken, wir
konnten Musik hören, ohne Debatten. Da verlief unser Nebeneinanderleben relativ friedlich. Ich hab mir aber nie eingebildet,
besonders glücklich zu sein. Man ist nicht glücklich, wenn man so
gespalten ist wie ich. Weißt du, was er sagt? Ich will nicht nur diese
besonders geeignete Vorrichtung für dich haben, ich will dir ein
Partner sein auf der ganzen Linie. Seine Männlichkeit erträgt es
einfach nicht, daß ich weitgehend unabhängig von ihm bin. Du
siehst, ich komme immer wieder auf Walter zu sprechen, die Quelle
fließt nicht, aus der man trinken könnte. Die halbe Stadt spricht von
seinen kindlichen Eskapaden. Es ist, als ob er alles zerstören will,
was ich mir aufgebaut habe. Es ist zum Verrücktwerden. Ich weiß
nicht einmal, warum er sich mir unterlegen fühlt. Ein Remis
zwischen Persönlichkeiten wird es selten geben. Im Grunde fühle
ich mich ihm unterlegen. Das ist der Witz: Der einzige Mensch, der

sich mir immer entziehen wird, das ist Walter. Er gibt sein Geheimnis nicht preis. Und wenn man mit Streicheln etwas nicht öffnen kann, zerschlägt man es. Ich weiß nicht, ob das noch produktiv ist, ich weiß bloß, daß meine Kraft aus einer reinen Quelle kommt, die durch die Umstände verunreinigt wurde. Manchmal bleibt einem nur die Wahl zwischen Aggressivität oder Resignation. Ich frage mich, was er eigentlich will. Er hat seine berufliche Spezialstrecke, um die ihn viele beneiden. Er geht zwar nicht auf in seiner Arbeit, wie ich, aber er leistet eine Menge. Wenn er einmal krank ist, klingelt zu Hause den ganzen Tag das Telefon, weil sie ohne ihn nicht zurechtkommen. Ich halte mich ernsthaft für verstümmelt, weil ich keine Spezialstrecke habe wie Walter. Ich habe mich verzettelt. Ich gehöre zu den Menschen, deren Fähigkeiten ziemlich breit angelegt sind und die sich für nichts entscheiden, die auf keinem Gebiet wirklich hervorragend sind.

Der allseitig entwickelte Mensch mit der breiten Skala bin ich aber auch nicht. Ich werde immer leerer. Ich kann mir immer weniger Bildung aneignen. Was ich in immer stärkerem Maße kann, das ist: Impulse geben, Dinge vermitteln, die nicht erlernbar sind. Die Leidenschaft für die Kunst zum Beispiel. Ich staune immer wieder, wenn ich sehe, wie sich Menschen von mir faszinieren lassen. Ich muß mich jeden Tag von neuem behaupten, weil ich ständig an mir zweifle. Aber die Menschen verlangen Fassade. Nur starke Menschen können ihre Unsicherheit gelassen tragen wie einen alten Hut. Sobald ich Menschen näher kennenlerne, habe ich das Bedürfnis, mich privat und unmittelbar zu geben, mich ihnen auszuliefern. Ich will dann diesen ersten Glanz nicht aufrechterhalten, weil ich ihn für eine Lüge halte. Ich verringere den Abstand systematisch, bis ich den Menschen ein Vertrauter bin. Diesen ganzen Autoritätszauber halte ich für eine Farce, für die kein vernünftiger Mensch Bedarf hat. Diesen Widerspruch gibt es bei allen, die öffentlich wirksam sind. Man wird ständig in Zwiespalt kommen zwischen Autoritätsdenken und dem Sich-selbst-Geben. Autorität ist im Grunde nur eine Rolle, in die man flüchtet, wenn man unsicher ist. Ich möchte mir selber beweisen, daß ich auch mit meinen Schwächen noch jemand bin und daß die andern mich mit meinen Schwächen akzeptieren. Die Menschen ertragen es aber nicht einmal, sich selbst nackt zu sehen. Sie denken und fühlen in Klischees.

Vorige Woche hätte ich einen Vortrag über Kunst halten sollen.

Ich habe mich aber unter die Menschen gemischt und selber Fragen gestellt. Da war einer, der sagte: Das ist doch kein Vortrag über Kunst. Der wollte sich nicht selbst engagieren. Ich hatte da ein Tief, ich dachte: Du bist ja blöd, du vergibst dir die Chance, deine Souveränität zu wahren, wegen eines Spleens. Aber ich machte weiter, und zum Schluß sagte dieser junge Mann, der sehr ehrlich war: Irgendwas ist hier sonderbar, aber ich finde es aufregend, was heute mit uns geschehen ist. Natürlich, wenn man sich selbst in Frage stellt, wenn man die schützende Wand der Konvention durchbricht, kriegt man erst einmal Angst. Aber ich mache den andern vor, daß dieses Sich-in-Frage-stellen der Ansatzpunkt für jede Veränderung ist. Erst wenn man sich vom alten Krempel leer macht, hat man Raum für Neues und Besseres. Sicherlich, es ist eine Gratwanderung, die schiefgehen kann. Aber wenn ich es anders mache, verrate ich mich selber. Ich muß mit Ängsten bezahlen und mit Mißtrauen. Ich muß jeden Tag von neuem den Teufelskreis durchbrechen.

Manche Menschen lernen durch mich, ihr vorgeformtes, festes Leben, das sie oft schlecht bewältigen, mit dem sie oft nichts anfangen können, in Frage zu stellen und nach etwas Neuem zu suchen, das ihren Bedürfnissen besser entspricht. Das materielle Leben allein kann die Menschen nicht befriedigen. Menschen, die nur an Konsum denken, ersticken eines Tages in ihm. Nun ist das Gespräch über die Kunst ja noch unüblich. Sich näherkommen mittels der Kunst, Persönlichkeit entwickeln mittels der Kunst, das gibt es eigentlich erst in unserer Gesellschaft. Es hat sein Gutes, daß es auf diesem Gebiet noch wenig Theorie gibt. Da haben die Menschen noch die Chance, aus sich selber zu schöpfen. Für festgefahrene Funktionäre ist das reizlos, es gibt ja noch keine fertigen Antworten. Das strengt alle ehrlich Beteiligten gewaltig an. Die Menschen beunruhigen, sie aufstören aus ihrer unschöpferischen Ruhe, sie zu Existenzfragen verleiten. Worauf ich stolz bin, weil es meine Lebendigkeit beweist, ist die Entdeckung, daß manche Menschen, mit denen ich beruflich zu tun habe, mich als unbequem empfinden. Sie begegnen mir mit Vorsicht oder Abwehr, weil ich ihr Versagen und ihre Leichtfertigkeit erkenne. Man kann ja eine Funktion so und so erledigen, und es ist schwierig, den Leuten nachzuweisen, daß sie schludrig arbeiten. Für mich bedeutet Funktionär sein, eine Sache verfechten, oft gegen den äußeren Widerstand von anderen Menschen. Wenn man das so engagiert tut wie ich, nicht nur in der Hochschule und im Rathaus, sondern auf der ganzen Linie, dann kann das eigentlich nicht lange gut gehen. Wenn ich Opportunisten begegne, macht mich das krank. Eigentlich ist es immer die Angst vor der menschlichen Unaufrichtigkeit, die mich zu unwahrscheinlichen Aktivitäten treibt. Ich erinnere mich noch an die sonderbare Angst meiner Kindheit, ich könnte lügen, ich könnte nicht die volle Wahrheit sagen. Wenn mich einer was fragte, hab ich laut geweint und gedacht: Jetzt werde ich wieder lügen, es stimmt alles nicht, was ich sage. Es waren die einfachsten Dinge in Frage gestellt: Hunger, Durst, Wohlbefinden. Ich habe meine Mutter geschafft, indem ich alles, was ich sagte, für eine Lüge hielt. Ich weiß, daß ich sehr gut lüge kann. Ich habe solche Experimente gemacht. Ich habe Leute wahnsinnig belogen und kurz darauf gesagt: Stimmt alles nicht. Um ihnen zu beweisen, wozu ich fähig bin. Mir graut vor meinen eigenen Lügen genauso wie vor den Lügen anderer. Vielleicht haben die KZ-Erlebnisse meines Vaters dazu beigetragen, ich weiß das nicht. Vielleicht hat sich meine überforderte Kinderseele einen Altar errichtet, um makellos durch ein mögliches Fegefeuer gehen zu können. In einer grausamen Welt, die man weder durchschauen noch beeinflussen kann, kann man nur durch engelhafte Reinheit überleben. Es muß mir sehr schlecht gegangen sein, sonst hätte ich mich nicht so unterworfen.

Mein Leben wird eigentlich davon regiert, daß ich meiner Gesellschaft beweisen möchte, wie ich von dem, was ich tue, überzeugt bin. Ich klammere mich noch immer an Worte, an Parolen. Mein alter Kinderglaube: Wenn Menschen miteinander reden können, kann ihnen nichts Böses geschehen. Jetzt bin ich noch ein Kind, aber wenn ich größer und klüger und wortgewandter bin, dann wird sich alles klären. Dieser fast mystische Glaube an das Wort. Am Anfang war das Wort. Ich weiß schon lange, daß es nicht stimmt, aber ich möchte es so gerne noch glauben.

Vielleicht habe ich dieses ausgeprägte Bedürfnis nach Wahrheit, weil ich mich leicht verlieren und verwandeln kann. Ich identifiziere mich heute noch leidenschaftlich mit Theater- oder Romanfiguren. Tagelang spreche oder handle ich wie sie. »Wem die Stunde schlägt«, die Rolle des Mädchens habe ich lange gespielt, das Hineinkriechen in den Schlafsack, zu zweien, und dort geborgen sein. Es sind vor allem die Bücher meiner Jugend, die mich beeinflußt haben. Heute vergißt man ja so wahnsinnig schnell. Es waren bestimmte Rollen, die ich bevorzugt habe: die sensible, gescheiterte Frau, die mädchenhaft versponnene Frau, wie die Blanche in »Endstation Sehnsucht«, aber ohne ihre Hysterie, ohne ihre Sucht zum Untergang. An Selbstmord habe ich nie gedacht. Vielleicht nehme ich mich zu wichtig; ich glaube einfach an meine Fähigkeiten, die noch nicht ausgeschöpft sind. Ich kann mir nicht vorstellen, was passieren müßte, damit ich alles aufgebe. Vor meinem Tod habe ich aber keine Angst. Weißt du, wovor ich Angst habe? Im Krankenhaus liegen, ohne Bücher, ohne Musik, ohne Bilder, nur weiße Kittel sehn und Medikamente fressen und schlechte Gerüche. Ich habe Walter gebeten, mich dann herauszuholen, mir eine Händel-Platte aufzulegen und was vorzulesen. Dann sterbe ich ganz gern.

Meinen körperlichen Verfall zu erleben, das ist nicht einfach für mich. Meine Wirkung auf Männer läßt allerdings auch nach, weil ich echter geworden bin, farbloser, weniger exaltiert. Die Männer haben ja keine Zeit, genauer hinzuschauen. Im Grunde ist das Altern so natürlich wie die Brüste meiner Judith, die bald wachsen werden.

Es ist kein Zufall, daß ich noch nicht von Judith gesprochen habe. Dieses Kind ist Walter wie aus dem Gesicht geschnitten, schwarz und finster wie er und ein wenig zurückgeblieben. Ich habe meine Vorwürfe nie formuliert, weil sie unsinnig sind. Genausowenig wie ich den Tod von Clemens bewältigt habe, werde ich dieses Schicksal bewältigen. Unser nach außen so heiles Familienleben ist ein Drama. Auf der einen Seite stehen meine Söhne und ich, auf der anderen Walter und seine Judith. Ich habe nicht oft das Gefühl, daß sie mein Kind ist. Sie kommt zu mir, wenn sie Hunger hat oder wenn sie sich wieder das Knie aufgeschunden hat. Ich habe sie sechs Monate gestillt, viel länger als meine Söhne, sie hat meine Brüste leergesaugt. Das sind Dinge, die ich mit dem Intellekt nicht erfassen kann. Ich weiß, es ist ungerecht, aber mir bleibt nur die Liebe zu meinen Söhnen.

Meine Söhne waren schon mit fünf oder sechs Jahren selbständige Wesen. Mein Prinzip war, sie möglichst schnell auf eigene Beine zu stellen, damit ich nicht eine Mutter werde wie meine eigene, die kein Partner für ihre Kinder sein kann. Wir Frauen sind keine ewigen Ammen, wir haben ein Recht auf ein Eigenleben. Meine Söhne haben sehr früh begriffen, daß sie nicht meinetwegen lernen und daß ich ihnen ab einem bestimmten Alter nicht mehr helfen kann. Sie haben sich in ihrem Dachboden ein eigenes Reich geschaffen, in das ich nur hineingehe, wenn sie mich bitten. Niemals habe ich mich aufgedrängt, sie zu kontrollieren, auch nicht ihre Schulaufgaben. Ich war aber immer da, wenn sie Fragen an mich hatten. Ich habe meine eigene Persönlichkeit entwickelt, anstatt sie einem fragwürdigen Erziehungsziel zu opfern. Diesbezüglich habe ich mir von Lehrern nie dreinreden lassen. Ich habe meinen Kindern den Rücken gestärkt gegen Forderungen von Lehrern, die ihnen an die Substanz gegangen wären. Die kleinen Tagesprobleme haben mich nie außer Rand und Band gebracht. Meine Söhne sind Kinder einer neuen Zeit, und ich bin mit so vielen Ressentiments und Zwängen behaftet, daß es eine Sünde wäre, sie davon trinken zu lassen.

Man muß die Kinder rechtzeitig abnabeln, sie in Sicherheit bringen vor den eigenen Müttern. Ich habe versucht, ihnen ein gesünderes Liebesverhältnis zur Umwelt beizubringen. Und wo ich es nicht vermochte, habe ich mich zurückgezogen und ihren eigenen unverdorbenen Trieben vertraut. Was ich jetzt aus meiner stillen Ecke heraus beobachte, ist ermutigend und zeigt mir, daß ich keine entscheidenden Fehler gemacht habe. Ich hatte immer Sorge, daß ich sie weit wegschieße von der Kunst durch die ständige Konfrontation mit ihr. Sie waren immer dabei, ich nahm sie sogar zu Vorlesungen mit, als sie noch klein waren, zu Ateliergesprächen und ins Theater. Ich habe ihnen aber nie etwas aufgezwungen, auch keine Verhaltensregeln für die Öffentlichkeit, deshalb sind sie ziemlich undressiert. Ich habe ihnen auch nie gesagt: malt, baut, spielt Klavier! Der eine hat die Malerei entdeckt, der andere spielt Klavier, aber nicht regelmäßig, nur zum Vergnügen.

Man braucht etwas, was über einen hinausreicht. Als ich sah, wie sich meine beiden schöpferisch mit ihrer Umwelt auseinandersetzten, als sie sich selber an die Hand nahmen, da hatte ich das beruhigende Gefühl: Der Sinn meines Lebens ist erfüllt, ich habe mich in meinen Kindern verwirklicht. Wie ist denn das mit der Selbstverwirklichung, die in aller Munde ist? Ich glaube daran, daß so etwas möglich ist, sonst würde ich nicht aufstehen in der Früh. Ich sehe die Selbstverwirklichung des Einzelnen aber nur in einem sinnvollen Verhältnis zur gesellschaftlichen Selbstverwirklichung. Ich meine, wenn ich morgen meine Dozentenstelle niederlege, dann gibt es vorerst keinen, der diesen Platz ausfüllen kann, dann werden meine Studenten auf Trockenkost umgestellt. Wenn ich also beabsichtige auszusteigen, dann muß ich mich persönlich für einen adäquaten Nachfolger verantwortlich fühlen, dann erst kann ich an mich denken. Natürlich, Menschen in der Produktion sind austauschbar, Selbstverwirklichung ist für sie noch nicht möglich, trotzdem glaube ich, daß jeder auf seinem Platz etwas verändern kann. Ich habe das Bedürfnis, meinen Wirkungsbereich zu erweitern, weil ich als Persönlichkeit ja reife. Doch was ich nicht übersehen kann, was ich nicht weiß, das macht mich auch nicht heiß. Ich stecke meine Nase nicht in alle Angelegenheiten. Es gab bei mir einen wichtigen Qualitätssprung. Ich habe allmählich gemerkt, mit einem gewissen Glücksgefühl, daß alles, was mir begegnet, seine Gesetzmäßigkeit hat. Gewisse Charaktere ziehen gewisse Schicksale nach sich. Schließlich haben auch diese miesen Geschichten mit Walter mich weiter gebracht. Alles, was ich jetzt mache, und das ist nicht wenig, mache ich nicht als Reaktion auf die Unverträglichkeit meines Lebens, sondern weil ich es machen *muß*. Früher habe ich denen recht gegeben, die das so sehen wollten: Wenn Frauen sich wohl fühlen in ihrer Arbeit und wenn sie abends gar nicht nach Hause gehen wollen, muß es sexuell nicht stimmen. Also Arbeit als Kompensation. – Es ist sagenhaft, mit wieviel Mißgunst und Haß manche Frauen ihren Geschlechtsgefährtinnen begegen, wenn diese ein Stück weitergekommen sind als sie selber. Ich muß dir sagen, ich habe Frauen nie besonders gemocht. Frauen leiden oft unter Minderwertigkeitskomplexen, sie wittern überall Fallen und können nicht objektiv sein. Ich empfinde Frauen meist als ziemlich aufdringlich und unergiebig. Diesen Frauengesprächen in den Küchen bin ich immer entflohen. Auch beruflich habe ich lieber mit Männern zu tun. Ich mag die Unbequemen, die mir zum Beispiel sagen: Lena, du dramatisierst. Daß eine Freundschaft mit einer Frau überhaupt möglich ist, habe ich erst durch Anja erfahren. Bei ihr kam hinzu, daß sie mir körperlich sehr angenehm war. Sie sagte etwas über meinen Busen und meine schönen Arme, das war neu für mich und berührte mich tief. Bei ihr kann ich mich geben, wie ich bin, wir sind gleichberechtigte liebende Partner. Wenn gelegentlich Allergien hochkommen, können wir uns aus dem Wege gehen. Wir sind nicht angewiesen auf diese gemeinsame Wohnung, auf dieses enge Schlafzimmer, in das ich mit Walter verbannt bin.

Wie kann ich auf der beruflichen Strecke einwandfrei funktionieren, wenn die privaten Bereiche nicht funktionieren? Du meinst, ein Mensch kann nicht funktionieren wie eine Maschine? Vielleicht stößt du dich an dem Wort. Ich habe drei Hauptangriffsflächen, wo ich einfach funktionieren *muß*. Das ist die Arbeit als Funktionär, die kunstpädagogische Tätigkeit und die Familie. Da darf ich nichts durcheinanderbringen, weil das an verschiedene Seiten meiner Persönlichkeit appelliert. Unterbrich mich nicht. Wir sind von der Voraussetzung ausgegangen, daß wir uns *ganz* erhalten wollen, daß es auf die Dauer tödlich ist, wenn man unser Ich beispielsweise vom Prozeß der Arbeit trennt, ja? Aber ich mache doch nichts halb, jede Beschäftigung erfüllt mich. Wie kann ich Kunst lehren, ohne selbst Kunst zu machen, wie kann ich andere erziehen, ohne mich selbst zu erziehen, wie kann ich auf andere Menschen ausstrahlen ohne Liebe? Das alles ist nur möglich, wenn ich mich organisieren und disziplinieren kann, ja doch, wenn ich funktionstüchtig werde wie eine Maschine. Wenn das Rädchen Partnerschaft festgelaufen ist, steht alles still, dann ist jede Tätigkeit eine Farce. Natürlich, es sieht nach einem Widerspruch aus, wir sind ja voller Widersprüche. Ich revoltiere dauernd gegen mein Schicksal und gleichzeitig sage ich mir, daß man das alles in sein Leben einbauen muß, sonst ist man nicht der Rede wert. Wenn man begriffen hat, daß Leben nicht nur Spaß bedeutet, sondern auch Trauer, Verzweiflung, Ohnmacht und Angst, dann wird man einmal dahin kommen, alles zu akzeptieren. Man wird nicht nur mit dem Kopf, sondern mit seinem ganzen Körper begreifen, daß man alles einsaugen muß, damit unser Lebenssaft nicht austrocknet.

Und ich bleibe dabei, der Mensch hat einen angeborenen Trieb zur Wachsamkeit, sonst wäre er nicht lebensfähig. Im täglichen Leben kann man nicht blind auf Gott vertrauen. In den letzten Monaten, als mir die Eskapaden meines Mannes massiv zusetzten, konnte ich nicht mehr auf die Straße gehn, ich verlor meine Funktionstüchtigkeit. Als Gegenreaktion setzte eine verstärkte Kontrolle meiner Umwelt ein, größeres Mißtrauen. Ich hatte mir ja bislang ein Maß an Offenheit bewahrt, wie das Vierzigjährigen nicht zukommt. Ich kann nicht mehr so tun, als wäre ich zwanzig, ich kann an neue Beziehungen nicht mehr unbefangen herangehen, ich kann meine Erfahrungen nicht auf den Müll schmeißen. Ich muß mir jetzt von vornherein überlegen, in welcher Beziehung ich am wenigsten von meiner mühsam geretteten Identität verlieren werde. Spontaneität ist eine Angelegenheit von Kindern und Verrückten. Ich sehe es so.

Das Bedürfnis, einmal loszulassen, ist groß. Ach, weißt du ...
Man müßte wieder einmal von der Kommandobrücke herunter und
unter die Passagiere gehen. Ich müßte das Schiff fahren lassen und in
die Sonne schauen und auf das herrlich bewegte Leben um mich
herum und mich als Teil des Ganzen fühlen, ohne Anspruch auf
eigene Ganzheit. Dieses schöne Gefühl des Loslassens, das einem
die Natur aufzwingt, damit man sich regenerieren kann, das hatte
ich während meiner Schwangerschaften. Ich schlief, das Kind
wuchs. Ich vertraute. Ich brauchte nicht seine Zellen zu zählen und
sein Gesicht selbst zu modellieren. Ich vertraute. Ich war aus der
quälenden Verantwortlichkeit entlassen. So etwas habe ich danach
nie wieder erlebt.

MAXIE WANDER

SUSANNE T., 16, SCHÜLERIN

Nur pünktlich zur Arbeit, das ist zu wenig

Meine Eltern halten mich zu locker. Wenn sie sagen: Um zehn bist du zu Haus, ganz forscher Ton, und ich komme erst um zwölf, dann heißt's nur: Susanne, wenn das wieder vorkommt, darfst du die ganze Woche nich raus. Was ist? Das nächste Mal das gleiche Theater. Papa schreit, Mammi sagt: Hach, Tochter, wie kannst du mir das antun. Aber es passiert absolut nichts; nichts. Ich sage immer: Ja, ihr habt recht! und warte darauf, daß sie mal konsequent sind und mich einsperren. Bestimmte Prinzipien, die müssen sein. Schon als Kind habe ich versucht, meinen Kopf durchzusetzen. Ich ging einfach nicht in den Kindergarten. Da hat mir Papa Schokolade versprochen oder Radau gemacht. Aber ich war die Stärkere. Er hat immer alles gemacht, weil er sein Töchterchen lieb hatte. Ein-wandfrei. Kinder wollen aber, daß die Eltern manchmal stärker sind als sie. Das haben meine Eltern nicht verstanden. Oft habe ich lange Fernsehn geguckt, aber wenn Papa seine Launen hatte oder Magenkrämpfe, dann hat er einfach ausgemacht, und da wurde ich dermaßen hysterisch! Meine Freundin sagt: Meine Kinder, also, die werde ich nicht zu Duckmäusern erziehen, sondern ihnen alle Freiheiten lassen, damit sie ihre Persönlichkeit voll entfalten können. Aber schlechte Eigenschaften, die sind doch nicht ange-boren.

Ich hab's heut nicht leicht mit meinem Charakter. Wenn ich Jürgen nicht hätte, wäre ich aus dem Schlamassel nicht rausge-kommen. Jürgen kritisiert mich sehr, und ich sage ihm, was mir an ihm nicht gefällt. Ich finde es dufte, daß mir einer mal meine Fehler sagt, ich war ja dermaßen überzeugt von mir. Susanne die Größte, Susanne die Schönste, Susanne die Klügste. Ich hab den Clown gespielt. Jetzt überlege ich mir, was ich sage und wie es auf andere wirken könnte.

Selbstsicher bin ich noch immer. Die Lehrer sind direkt geschockt, wei sie das nicht gewöhnt sind. Eine Lehrerin hat einmal gesagt: Wenn ich die schon laufen sehe! Ich hab aber einen ganz duften Gang, ich weiß nicht, was sie damit sagen will. Wenn ich aus der Schule komme, gehe ich sofort weg, wohin, weiß ich noch nicht genau. Ich habe viele Ideen, vielleicht in ein Kernkraftwerk, das ist was Neues und hat Zukunft. In einer Kleinstadt kann man sich nicht so entfalten. Da muß man schon ein Mann sein, um was vom Leben zu haben. Ich setze mich manchmal allein in die Kneipe und denke mir, die sollen ruhig glotzen, mich stört das nicht.

Kinder möchte ich keine haben. Ich will viel reisen und viel erleben. Ich seh doch, was Mammi für ein Leben führt. Vor fünf Minuten hat sie noch groß gesprochen, was sie alles anstellen wird, und wenn Papa kommt, ist sie so klein. Beispielsweise ein Betriebsfest. Papa sagt: Klar, Hannchen, da gehste hin, den offiziellen Teil machste mit, und wenn sie zu tanzen beginnen, hauste ab nach Hause. Und Mammi macht das. Und hinterher erzählt sie uns das Blaue vom Himmel, was sie alles angestellt hat. Und Papa ist so dumm und fällt noch darauf herein. So ein Theater. Das kommt alles, weil sie die vielen Kinder hatte und so angebunden war. Nee, ich möchte keine Kinder. Ich würde auch nie einen Mann heiraten, der so eine Einstellung hat wie Papa. Ich will erst mal frei sein, damit man sich gegenseitig nichts vormachen kann. Manchmal tut mir Papa leid, wenn er so sinnlos herumschreit. Das hat er von Opa, der war ein Herrscher. Das hat Papa immer gesehen, drum wollte er genauso werden. Nun kommt er auf einmal nicht mehr durch damit. Meine Brüder sind aus dem Haus, Claudia ist verheiratet, aber noch in Reichweite, da sind wir vier Frauen gegen unseren Papa: Mammi, Petra, Claudia und ich. Das ist ganz neu für ihn, der Arme!

Die Mädchen in unserer Klasse halten sich alle an mich, weil ich meine eigene Meinung habe. Manchmal hab ich gar keine Meinung, aber dann tu ich so, als ob. Da hab ich erst mal meine Ruhe und kann nachdenken. Viele Mädchen wollen sich nicht als Frau fühlen, die wollen lieber wie die Jungs werden, weil Jungs sich noch immer mehr erlauben können. Die Lehrer sagen manchmal so einen

Unsinn: Mädchen müssen ein Vorbild für die Jungs sein, immer brav, nie frech, nie unordentlich, nie laut. Manche Lehrer hinken toll ihrer Zeit hinterher. Jedenfalls, richtig unterhalten kann man sich nur mit jungen Leuten. Jürgen kann ich mir zum Beispiel gleichberechtigt vorstellen. Er hat keinen Vater, die Mutter hat ihn so erzogen, daß er dieselben Arbeiten wie eine Frau macht. Jürgen würde zu Hause bleiben, wenn mal ein Kind krank ist. Ich bin der Meinung, daß derjenige zu Hause bleiben soll, der am meisten pädagogisch ist. Gesetzlich ist das ja geregelt. In die Krippe würde ich ein Kind nicht geben. Die Gleichberechtigung soll ja nicht auf Kosten der Kinder gehen. Deshalb möchte ich lieber keine haben.

Wenn die Erwachsenen nicht so doof wären, dann hätte ich nie so schlechte Gesellschaft gesucht. Die hat mich dermaßen beeinflußt. Ich hab viel getrunken und geraucht und war nachts auf Feten. Praktisch hab ich ja freie Entscheidungsmöglichkeiten gehabt, weil meine Eltern mich nicht anbinden. Ich konnte allein herausfinden, was gut und was schlecht für mich ist. Wenn man immer kontrolliert wird, dann macht man schon aus Protest Unsinn, wenn man nicht ganz doof ist. Das stört mich so an den Erwachsenen, daß sie die Jugend zu Engeln erziehen möchten und ganz vergessen, wie sie selber waren oder gern gewesen wären. Wir wollen halt nicht so eintönig und spießig leben wie die Erwachsenen, ist ja furchtbar. Bis ich draufgekommen bin, daß wir uns gar nicht so von den Erwachsenen unterscheiden, wenn wir herumgammeln und saufen, das hat gedauert. Jedenfalls, ich hab das eine Weile mitgemacht, dann hab ich mir gesagt: Das kann doch nicht der Weg sein, um deine Ideale zu verwirklichen. Wo's langläuft, weiß ich noch immer nicht genau, ich bin nur kritischer geworden, auch mir selber gegenüber. Das finde ich dufte. Jedenfalls, ich muß zugeben, und ich geb ja nicht gern was zu, daß ich von Jürgen sehr enttäuscht bin. Ich merke erst jetzt, wie spießig er ist. Es ist halt schlecht, wenn man mit einem Jungen gleich intim wird, obwohl man ihn noch gar nicht kennt. Der kann gut reden, aber Vorbilder hat er ganz andere. Ich hab so einen Einblick gekriegt, was der sich im Leben wünscht: einen Bungalow am Wasser und schön viel Geld raffen und Beziehungen haben, Beziehungen sind ganz toll wichtig, und immer alles für sich. Na gut, Kommune ist nicht jedermanns Sache, aber die Leute, die so was probieren, finde ich einwandfrei. Nicht nur pünktlich zur Arbeit kommen, das ist zu wenig, sein ganzes Leben überdenken, mal was anders machen als die Erwachsenen, das ist unheimlich gut. Darüber müßte man mehr im Fernsehen sehen oder in der Zeitung lesen. Ich seh's an meinen Brüdern, wie die es einfach nicht ertragen können, wenn irgendwo herumgeschlampt wird. Diese Einstellung hat Jürgen nicht. Ich hab ihm einen Brief geschrieben, da hab ich ihm alles gesagt, was ich nicht ausstehen kann an einem Menschen. Hör ich nichts mehr von ihm, ist's nicht weiter schade. Leute, die so spießig leben, die sind für mich gestorben, die sind tabu. Ich meine das Enge, Begrenzte, nie über den eigenen Haushalt hinaus, nur für sich schaffen. Mammi ist zum Glück ganz anders, ich sehe praktisch keinen Erwachsenen in ihr, die ist so wie ich. Mit ihr kann ich auch über das Sexuelle reden, einwandfrei, drum hab ich keine Komplexe.

Schlimm ist für mich, wie Papa sich verhält. Ich hör's mir immer an, wenn er über die Arbeit schimpft, ich versuch's zu verstehen, aber es deprimiert mich, wenn er Ärger hat mit der Partei. In der Schule spricht man ja ganz anders. Was stimmt denn nun? Manchmal hab ich direkt Angst, weil ich nicht mehr so hundertprozentig an alles glauben kann wie als Kind. Ich hab so blöd von unserem Schuldirektor geträumt. Der predigt uns ja immer, wie wir sein sollen. Auf einmal wollte er uns erschießen. Das kommt daher, weil ich mir einbilde, ich falle durch, und die zehnte ist ja so wichtig. Das ist ein unheimlicher Druck, so daß man gar nicht ruhig schlafen kann. Im Traum hab ich unserem Direktor dann alles klargemacht, ich habt mit ihm verhandelt, wie ich das immer mache, und dann hat er uns leben lassen. In unserer Klasse sind eigentlich alle für den Sozialismus. Jeder versucht, den anderen zu überzeugen, wie sehr er selber überzeugt ist. Unser Staat macht Fehler, na gut, aber das Prinzip ist einwandfrei. Richtig fanatisch sind wir manchmal.

Ein großes Vorbild ist unsere Geschichtslehrerin. Schon ihr Äußeres: Sie ist immer modisch gekleidet, gar nicht wie eine Lehrerin, sie sieht immer frisch und ausgeruht aus, als ob sie mit uns überhaupt keinen Ärger hätte. Sie arbeitet nicht stur auf ein Ziel hin und jubelt uns nicht ihre eigene Meinung unter. Mit ihr sprechen wir über alles, auch über Westfernsehen. Sie sagt nicht, das ist falsch. Sie sagt, ist gut, daß ihr so ehrlich seid. Sie sagt, man kann nur zu einer eigenen Meinung gelangen, wenn man offen sein kann und sich auch irren darf. Sie geht nicht mit uns um wie Lehrer mit Untergebenen. In der neunten hab ich ganz schön gestört, durch die schlechte Gesellschaft, in der ich war, und unsere Geschichtslehrerin hat immer Geduld mit mir gehabt. Die ist ein wahres Glück für mich.

Es gibt auch Vorbilder in Büchern. Die beeinflussen mich unheimlich. Papa hat mir ein paar Bücher von Malamud mitgebracht. Die erzeugen dermaßen nachhaltige Gefühle, der glaubt so stark an den Menschen, daß man selber gut wird. Und er zeigt, wie Menschen über Widerstände hinwegkommen. Oder das Buch von Merle über die Delphine. Das finde ich unheimlich gut, dieses Verständnis zwischen Mensch und Tier. Es ist doch oft so, daß die Menschen rücksichtslos gegenüber den Tieren sind. Ich seh das nicht ein. Das Tier ist auch in der Natur und ein Lebewesen wie der Mensch, es muß doch auch Rechte haben. Für mich ist die ganze Natur unheimlich wichtig. Ich bin oft draußen und fühle mich da ganz frei.

Mit einem Mann kann ich gar nicht so glücklich sein wie allein in der Natur. Spaß macht's mir schon mit Jürgen, aber richtig glücklich war ich noch nicht. Nie wieder mit einem Jungen schlafen, wenn ich ihn nicht richtig liebe! Es gibt Mädchen, die geben den Jungs Geld, damit sie mit ihnen schlafen. Jungs glauben ja immer, daß sie untreu sein müssen. So ein Mann wie Jürgen, der wird schief angeguckt, weil er treu ist und das offen zugibt.

Glücklich bin ich auch, wenn mir meine Freundin alles erzählt, wenn sie Vertrauen zu mir hat. Man hat ihr jetzt ein Kind abgenommen, das hat sie fertiggemacht. Sonst hat sie es niemanden gesagt, nur mir. Glücklich macht mich auch, wenn ich in die Klasse komme und alle froh sind, daß ich wieder da bin. Oder wenn die Lehrerin akzeptiert, was ich sage, obwohl es mir schwergefallen ist. Wenn sie mich nicht zurückweist. Da bin ich ihr dankbar und möchte sie umarmen.

Ich erinnere mich an meine erste Verliebtheit, wie herrlich und wie traurig das war. Da war ich elf, da hat Lorenz, mein ältester Bruder, geheiratet, und wir haben drei Tage lang gefeiert. In die Freunde von Lorenz war ich dermaßen verknallt. Wie das zu Ende war und sie wieder abgefahren sind, war ich unheimlich traurig. Ich hab mir nicht vorstellen können, daß das Leben weitergeht.

Schönheit ist für mich nicht so wichtig. Ich habe eine häßliche Freundin, aber die ist so klug, die hat ihre eigene Meinung, gefällt mir eben, hat auch schon bei mir geschlafen. Mit der kann man über alles sprechen, auch über Politik, und dann nicht Hach Gott! und so. Und die Art, wie sie alles macht, die macht sie hübsch. An ihre

Figur und wie sie aussieht, daran denkt man nicht mehr. Vielleicht bin ich so, weil Mammi zu viel Wert aufs Äußere legt und so schnell urteilt. Ich lasse meine Freundinnen an meine Schränke, die können sich alles nehmen. Nur meine bemalte Truhe kriegen sie nicht. Die hat mir Papa einmal mitgebracht, als ich nicht zur Schule wollte. An der hänge ich unheimlich. Wenn ich mal ganz schnell packen müßte, wenn ein Feuer ausbricht oder so was, dann würde ich erst mal meine Hosen retten, mein Bilderalbum, meine Truhe jedenfalls und meine Liebesbriefe.

HELGA KÖNIGSDORF

BOLERO

Nein, ich weiß wirklich nicht, warum ich es getan habe. Eigentlich war überhaupt nichts Besonderes an ihm.

In jener Sitzung wurde ein Referat verlesen, dem man auch ohne böswilligen Scharfsinn die verschiedenen Zuarbeiter anmerkte. So ließ sich der Redner erst über den zurückliegenden Volkswirtschaftsplan aus, dann über den gegenwärtigen Volkswirtschaftsplan und schließlich über den bevorstehenden Volkswirtschaftsplan. Die langatmigen grundsätzlichen Bemerkungen und Schlußfolgerungen, die die jeweiligen Volkswirtschaftspläne begleiteten, unterschieden sich lediglich durch die ungleiche Sprachgewalt ihrer Schöpfer. Es muß etwa gegen Mitte des laufenden Volkswirtschaftsplanes gewesen sein, als mir die Blutwurststulle in meiner Tasche in den Sinn kam. Und zwar derart eindringlich, daß in mir der Nahrungsreflex und das im Prozeß meiner Persönlichkeitsentwicklung herausgebildete Normverhalten kollidierten. Mein weiteres Konzentrationsvermögen unterlag hoffnungslos der Zwangsvorstellung, während eines grundlegenden Referates in eine Blutwurststulle beißen zu müssen. Solchermaßen verwirrt, blieben meine Augen zum ersten Mal an ihm haften. Vielleicht, weil er weiter unablässig, auch später gegen Ende des kommenden Volkswirtschaftsplanes, aufmerksam und gewissenhaft in ein schwarzes Heft schrieb. Wie ich so zu ihm hinschaute, sah er hoch, wollte wieder seine Augen abwenden und konnte es nicht. Wenn mir in diesem Moment prophezeit worden wäre, daß er in meinem Leben, oder besser, ich einmal in seinem Leben so unerhört bedeutsam werden würde, ich hätte nur gelacht. Denn, wie ich schon sagte, es war nichts, aber auch gar nichts Besonderes an ihm.

Er war in jenem Alter, in dem die Männer über die Intensivierung ihres Lebens nachdenken. Als er sich mir während der Pause in den Weg baute, seine dicke Brille zurechtrückte und über sein schütteres Haar strich, überkam mich die alberne Vorstellung von einer magenkranken Dogge. Dabei waren es aller Wahrscheinlichkeit nach gerade dieser müde und verbrauchte Zug in seinem Gesicht und die Narbe, die seine linke Hand verunstaltete, die mein historisch verbildetes weibliches Mitgefühl mobilisierten. So verblieb meine Blutwurststulle, trotz aller Aufregung, die sie in meinem Nervensystem erzeugt hatte, in der Tasche, und ich gestattete ihm den Erfolg, mich zum Kaffeetrinken verführt zu haben.

Ihn aber beeindruckte dieses Erlebnis derart, daß er mir unsagbar beflügelter erschien, als dies der nackten Wahrheit entsprach. Ich hatte in jenen Tagen so selten etwas vor. Ich hätte aus Langeweile dem Teufel Gefolgschaft geleistet. Warum sollte ich also nicht mit einem angegrauten, lüsternen, dicken Mann ein kleines abgelegenes Restaurant aufsuchen.

Das Zigeunersteak – meine Blutwurststulle verfütterte ich am anderen Morgen vom Balkon aus an die Möwen – und der rote Wein waren seine Wahl. Ich bevorzugte damals eigentlich lieblichen Weißen, er aber sagte, der echte Kenner zeige sich am Rotwein. Ich dachte wieder darüber nach, ob er magenkrank sei.

In unserer Unterhaltung gab es nichts, dessen man sich erinnern müßte. Aber man sollte unserer Mittelmäßigkeit die vielen abgesessenen Stunden zugute halten und die tatsächlich widrige Gesprächssituation: keine verbindenden Erinnerungen, kaum gemeinsame Bekanntschaften, noch undeutlich verbotene Zonen in unseren separaten Welten. So brachten mir zwar seine Berichte über das Verheiraten einer Tochter mittelbar Aufschlüsse über seine familiäre Gegenwart, aber eigentlich konnte sie mir einschließlich seiner genaueren ehelichen Umstände absolut gleichgültig sein.

Wieso beglich ich, als er kurz hinausgegangen war, die Rechnung? Ich glaube, da lag bereits ein entscheidender Fehler. Mir war irgendwie wohl dabei, war ich ihm doch nun zu nichts verpflichtet. Aber es steckte nichts weiter dahinter als eine gründliche Fehlinterpretation der Gleichberechtigung, zumal mir meine Blutwurststulle sicherlich besser geschmeckt hätte als dieses zähe Zigeunersteak und ich den roten Wein nicht mochte. Auf jeden Fall stellte ich damals, als ich den Kellner heranwinkte, eine Weiche in unserer weiteren

Rollenverteilung, denn man denke bloß nicht, ein Verhältnis wie unseres erfordere keine innere Ordnung.

Schlamperei oder umwälzender Elan sind hier noch weniger am Platz als bei anderen in das Fundament der Gesellschaft eingelassenen Verbindungen.

Wir sind dann später nie wieder in ein Restaurant gegangen, sondern er besuchte mich in meiner kleinen Wohnung in der zwölften Etage des Hochhauses, an dem die Balkone wie Bienen-waben kleben.

Die Liebe mit ihm war nicht sonderlich erfreulich. Er kam ohne weitere Einleitung über mich und beschäftigte sich an mir mit sich. Hinter der Sinnlichkeit der Frauen mutmaßte er Tonnenideologie, und folglich bemaß er die Kultur seiner Liebeshandlung in deren Quantität. Trotzdem wäre ihm die Offenbarung meines Empfindens wohl nicht als Niederlage nahegegangen, denn durch Statistiken aufgeklärt, schätzte er den Prozentsatz der frigiden Frauen im Abendland auf sechsundneunzig. Welche richtige Frau aber würde nicht ihren Ehrgeiz dareinsetzen, zu den verbleibenden vier Prozent gezählt zu werden. Außerdem war allen Gedankengängen vorzu-beugen, die in der Frage endeten: »Warum ich eigentlich . . .?«

Während ich also für seine Befriedigung schwer atmete und leise stöhnte, dachte ich daran, daß das blaue Sommerkleid zur Reini-gung müsse. Ich legte seine Hand mit der Narbe zwischen meine Schenkel, doch er begriff nichts. Vielmehr registrierte er mit Staunen die Ihm neu erschatteten Fähigkeiten zur Lust, überließ sich gänzlich dem passiven Genießen, so daß in der Zukunft ich über ihn kommen mußte, was meinem natürlichen Empfinden zuwiderlief.

Vielleicht hätte ich es nicht getan, wenn ich bedacht hätte, daß er so schreien würde. Aber das konnte ich wirklich nicht ahnen, denn er war der ruhigste Mensch, den ich gekannt habe.

Danach übermannte ihn meist die Müdigkeit, und er fiel in einen kurzen tiefen Schlaf, während ich einer kleinen Mahlzeit die letzte Würze verabreichte. Ich wußte bald um seine Neigung zu heraus-geputzten Speisen mit überraschenden Nuancen und fremdartigen Namen und kredenzte ihm den Pepsinwein vor der Suppe. Vielleicht kam er anfangs mehr wegen der Liebe und später mehr wegen des Essens.

Ich machte mir nichts aus diesen Essen, denn mir war damals oft übel. Wissen überbrückt nicht immer die Abgründe unserer Furcht, und so quälte mich eine abergläubische Scheu vor der Pille. Dieser Eingriff in das feine Zusammenspiel jener Kräfte, die die Lebensprozesse steuern, schien mir grob und unzulässig. Unnachweisbar, und eben darum unheimlich, würde sich die Struktur meines Seins ändern. War ich dann noch ich? Abwegig verstaubte Anwandlung einer Frau mit im übrigen durchaus moderner Weltanschauung! Er machte sich Sorgen! Und ich müsse ihm schon erlauben, daß er sich Sorgen um mich mache. Derart beschämt, schluckte ich die Pille und konnte mich nur schlecht daran gewöhnen. Obwohl mein Arzt mir wissenschaftlich nachwies, diese anhaltende Übelkeit könne nur eine Folge psychischer Verkrampftheit sein, war mir doch ganz real schlecht. Ich sprach nicht länger darüber, schließlich nehmen so viele Frauen die Pille.

Im Winter rochen seine Anzüge nach abgestandener Rauchluft, und ich hängte sie manchmal auf den Balkon. Im Sommer kam er meist verschwitzt, und mich begann der Geruch seines Körpers zu stören.

In unserer späteren Zeit ist er oft müder gewesen. Ich drängte ihn nie. Es war mir einerlei. Wir hätten auch gleich mit dem Essen beginnen können.

Er führte ein einwandfreies Familienleben, in dem ich keinen Platz hatte, nicht einmal als entfernte Kollegin. Ich stimmte dem unbedingt zu. Nüchtern gesehen: Scherereien hätte es nicht verlohnt. Ein Geheimnis war auch eine Waffe. Eine Waffe gegen das unerhörte Gefühl der Verlassenheit, das mich damals wie ein wieder- und wiederkehrender Angsttraum bedrängte. Ein Spannungselement, und hing auch noch so viel Selbstironie daran. Ein Kontrast im Gleichklang meiner Tage.

Nur einmal, ein einziges Mal, habe ich bei ihm angerufen. Das war nach jener Sitzung, die acht Stunden gedauert hatte und in der ich als allerletzte zu Wort kam. Ich sprach und sprach, und keiner hörte mich. Ich sprach nicht nur, um gesprochen zu haben, ich hatte tatsächlich etwas zu sagen. Ich redete mich in Eifer, ich beteuerte, ich gestikulierte, ich beschwor. Und die einen packten schon ihre Taschen, andere sahen mißmutig auf die Uhr, noch andere hatten den Wechsel des Redners gar nicht bemerkt. Danach brauchte ich einfach irgendeinen Menschen. Ich suchte den Zettel mit seiner Telefonnummer, den er mir in Anfangsgroßartigkeit gegeben hatte. Ich wählte die ersten drei Nummern. Hier schaltete sich das

Tonband ein: »Kein Anschluß unter dieser Nummer.« Ich versuchte es ein weiteres Mal. Das gleiche. Im Telefonbuch war er nicht eingetragen. Ich vergaß später, ihn danach zu fragen. Ich hätte sowieso nicht wieder angerufen. Ich arbeitete viel und zuverlässig, damals. Ich ließ mir dieses und jenes aufbürden, das nicht mein Amt gewesen wäre. Ich war häufig erschöpft. Die Menschen sahen mich freundlich und hastig an. Wie schwer ist es doch, ein bißchen Glücksbedürfnis zu ersticken.

Er kam zu mir, wann es ihm paßte, und manchmal dachte ich: Dieses Mal war das letzte Mal, ich will nicht mehr. Es war und blieb eine verfehlte Sache. Aber wenn ich wochenlang nichts von ihm hörte, wuchs in mir der Ärger, und wenn er dann anrief, war ich erleichtert, daß ich mich nicht mehr zu ärgern brauchte, und da ich gerade nichts anderes vorhatte, kaufte ich ein und bereitete das Essen vor. Manchmal ging ich auch schnell noch zum Friseur. Und wenn er kam, erzählte ich ihm die letzten Witze und zog die Vorhänge zu, obwohl nur der Himmel ins Fenster sah. Er protestierte, aber die Vorstellung, er würde mein Gesicht dabei belauern, war mir außerordentlich unangenehm. Danach schlief er etwas, ich deckte den Tisch, schmückte ihn mit bunten Servietten und Gräsern in einer schmalen Vase, und der Klang von Ravels »Bolero« in Stereo erfüllte anschwellend den Raum.

Wenn er gegangen war, räumte ich die Wohnung auf, badete und saß lange gedankenlos an der geöffneten Balkontür.

Nein, wie ich es auch wende, da war kein Grund, es zu tun. Er hat mich immer gefragt, ob er kommen dürfe, und ich hätte nur »nein« zu sagen brauchen. Er wäre sicher recht verwundert gewesen und dann natürlich gekränkt. Hätte ich doch wenigstens ein einziges Mal, wenn er anrief, etwas vorgehabt, vielleicht wäre alles nicht passiert.

Seine Frau erwies sich als eine Enttäuschung.

Ich war vollkommen frei von Skrupeln. Das entsprang nicht so sehr einem Defekt meines Charakters als der Überzeugung, daß die Rechnung sehr zu meinen Gunsten stand, denn ich gab ihm doch ein bißchen Freude, und Freude, gegeben, strahlt im Abglanz weiter.

Ich sah sie bei einem Theaterbesuch. Es war reiner Zufall. Nicht etwa, daß ich ein attraktives Überweib erwartet hätte, aber ein derartig geringes Aufgebot an Persönlichkeit war niederdrückend. Es ist nicht zu verstehen, doch ich fühlte mich unbeschreiblich gedemütigt. Dagegen hat mich sein Erschrecken, sein »Vorbeiseh-Manöver« und seine spätere Beteuerung, er habe mich tatsächlich nicht bemerkt, eher belustigt.

Auch meine Beichte über jene mißglückte Ansprache belustigte uns sehr. Wir genossen das Spiel der kleinen absichtlichen Entstellungen, der riesenhaften Übertreibungen von Winzigkeiten, und ich wuchs zur tragischen Heldin einer amüsanten Posse. Meine Vorschläge und Ideen nahm er wohltuend ernst. Er setzte sich rückhaltlos ein. Wo mich noch Skepsis hemmte, wirkte bereits der Hebel seiner Tatkraft. Als man ihm die Medaille für ausgezeichnete Leistungen an die Brust heftete, war auch ich stolz. Natürlich konnte er unmöglich sagen, daß ich ihm die Sache in meiner kleinen Wohnung im zwölften Stock erklärt hatte.

Ohne Zweifel ist es jetzt, nachdem das alles passiert ist, für mich sehr günstig, daß niemand etwas von unserer näheren Bekanntschaft ahnte.

An jenem Abend kam er direkt nach einer Sitzung zur mir. Ich legte ihm die Kissen im Sessel zurecht, schob die Fußbank heran, draußen wurde es bereits dunkel. Ich sah, er war sehr müde. Ich kochte einen starken Kaffee, würzte ihn mit Zucker und Zimt, gab etwas Himbeergeist in die breiten Schalen, zündete ihn an und goß dann langsam den Kaffee hinein. Ich fand es rührend, daß er sagte: »Ich bin heute sehr abgespannt, aber ich wollte dich unbedingt sehen.« Ich trug den neuen hauchdünnen weinroten Hausanzug, sonst nichts, und als er mich an sich zog, spürte ich, er war doch nicht so müde. Irgendwie mochte ich ihn in diesem Moment wie nie zuvor. Ich war besonders zärtlich zu ihm und ganz ohne Verstellung. Als ich seinen Kopf an meine Schulter legte, knurrte er leise. Ich fragte ihn, was er denke, und er sagte, mich wegschiebend: »Ach nichts. Aber ich bin doch ein altes Schwein.«

Das andere geschah völlig unerwartet. Wir aßen schneller als sonst, weil er zu Hause nicht abgemeldet war. Dann ging er, schon im Anzug, aber noch in Strümpfen, auf den Balkon, lehnte sich über die Brüstung, um nach seinem Auto zu sehen. Wie er so auf Zehenspitzen stand und sich reckte, faßte ich seine Füße und riß seine Beine hoch. Er hat nicht versucht, sich festzuhalten, er war wahrscheinlich zu überrascht. Das erklärt auch, wieso er erst so spät geschrien hat. Da war er schon in der Höhe des siebenten oder sechsten Stocks. Seine Schuhe und seinen Mantel habe ich hintergeworfen. Ich räumte die Wohnung auf, badete und setzte mich an die offene Balkontür. Ravels «Bolero« erfüllte anschwellend den Raum.

Manchmal grübele ich darüber nach, wie diejenigen, die seinen Nachruf verfassen, die Tatsache, daß er ohne Schuhe Selbstmord beging, damit in Einklang bringen, daß er der korrekteste Mensch war, den sie oder irgend jemand anderes kannten.

HELGA KÖNIGSDORF

DER ZWEITE

Ich steige die Treppe hinauf. Stufe um Stufe. Ohne besondere
Erwartung. Wie immer.

Oder doch nicht wie immer. Ist nicht eine Zeit gewesen – ohne
Stufen. Eine leichtfüßige Zeit. Eine schwebende Zeit. Voll Tagheim-
lichkeiten. Treffs, Telefonanrufe, Spannung, Zwielicht. Eine
Allesodernichtszeit.

Habe ich sie schon aus den Augen verloren. Ging einfach so
unter, wie die Sonne untergeht. Alltäglich. Kein Drama. Nein,
beileibe nicht. Ein ganz und gar gewöhnlicher Vorgang.

Schaler Kellergeruch im Flur, obwohl die Haustür den Tag über
offensteht. Die Elfenbeinfarbe der Wand ist vergilbt und mit
Kinderobszönitäten verziert. Von Parterre links mit Imi bearbeitet.
Sieger bleibt die schwarze Schuhcreme. Qualitätserzeugnis. Dauer-
haft. Beständiger als das Gefühl. Als mein Gefühl.

Die beige gestrichenen Briefkästen mit den wechselnden
Namensschildern. Vergeblicher Versuch, Gleichmaß hineinzu-
bringen. Ruhe und Ordnung ist die erste Bürgerpflicht. Aber das
Leben.

Im Frühsommer bleiben die Blumen auf dem Balkon aus. Der
Mann verschwindet irgendwohin. Es fällt kaum auf. Man ist sich
ohnehin oft wochenlang nicht begegnet. Erst wenn der Möbel-
wagen mit der Restfamilie beladen wird, hält man für einen Moment
den Atem an. Wie bei einem Unfall auf der Autobahn. Nein. Man
ist nicht betroffen. Diesmal noch nicht. Aber man fährt langsamer.
Eine kleine Weile.

Manchmal zieht auch nur ein neuer Mann ein. Ein neuer Name
am Briefkasten. Provisorisch angepinnt. Ich wechsle den Namen

wie das Kleid. Ich liebe meine Identität nicht. Erhoffe eine neue. Aber alles ist schon eingerichtet. Ist der neue Name alt, bin auch ich die alte.

Im Briefkasten die Telefonrechnung und ein Bankauszug. Nicht erfreulich. Ich lebe über meine Verhältnisse. Verbrauche mit dem neuen, was mir der alte ausgezahlt hat.

Oder doch nicht mit ihm. Der Mann, dessen Namen ich zur Zeit teile, kommt für sich auf. Ich für das andere. Wir berechnen sein Essen und sein Bier. Alles hat seine Ordnung, denn es handelt sich um meine Kinder, meine Wohnung, meine Zeitung, mein Telefon. Das Auto nicht. Das Auto und die Datsche gehören seinem Vorgänger. Der hat mich ausgezahlt.

Einmal werden das halbe Auto und die halbe Datsche verbraucht sein. Ich bin dann eine alte Frau. Das ist so gut wie tot. Es lohnt sich nicht, darüber nachzudenken.

Mein Zweiter hat keine Datsche und kein Auto, aber eine Menge Unterhaltspflichten. Außerdem hat er ein Sparbuch, von dem ich eigentlich nichts wissen soll.

Ich dachte, das alles würde mir nichts ausmachen. Und es bedeutete auch nichts. Wirklich nicht. Wenn ich nicht schon wieder die alte wäre. Wenn sich nicht diese verfluchte Treppe steiler machte als je zuvor. Wenn nicht die ewigen Netze und und Beutel schwerer wögen als je zuvor, obwohl ich für eine Person weniger einkaufe, seit mein Sohn ins Internat gezogen ist.

Da kann man Jahre mit einem Menschen, einem Sohn, zusammen sein, ihn aufziehen – und nicht merken, was mit ihm los ist. Betriebsblind, sozusagen. Muß erst jemand kommen, ein zweiter Mann, der, den ich meine, von dem die Rede ist, der hinter mir die Treppe hinaufsteigt, der also muß erst kommen und mir den Schleier von den Augen reißen. Es kostet ihn unzählige kleine Szenen und Wutanfälle, bis ich es begreife. Bis mein Sohn es begreift. Er ist immer im Unrecht. Er ist fünfzehn. Und ich liebe ihn.

Also ich geh jetzt, sagt er und nimmt seinen Koffer.

Es ist besser so, sage ich zu ihm, und der Kummer würgt mir den Atem ab. Dieser Augenblick wenigstens ist beständig. Der bleibt mir. Für immer.

Also ich geh jetzt, sagt mein Sohn und nimmt seinen Koffer. Den Platz im Internat hat sein Vater organisiert, der ihn auch nicht gebrauchen kann.

Es wird schon dunkel im Treppenhaus. Der Mann hinter mir drückt auf den Lichtschalter. Das Relais ist auf zwei Minuten eingestellt. Der Mann schnauft. Er hat Sorge, sein Geld nicht abzuessen, und wird fett. Er trägt einen Aktenkoffer mit einer leeren Stullenbüchse und zwei Flaschen Bier. Die Beutel trage ich. Das Treppensteigen geht ihm auf den Kreislauf.

Der andere war drahtig und hatte einen Leistungskomplex. Keine Freunde. Keine Wohligkeit. Alles Pflichtkür. Abendlauf durch die Grünanlagen. Und Verantwortung. Vorzeitig abgebrochener Urlaub. Die Scheidung wollte er vermeiden. Nur kein Aufsehen. Einwandfreie Kaderakte. Ein disziplinierter Dummkopf. Aber drahtig. Die Beutel habe ich nie getragen.

Dieser hier liebt die Gemütlichkeit. Er hätte gern, was die anderen haben. Bloß nicht die Verantwortung. Die hat er lieber nicht.

Der erste. Der zweite. Der zweite. Der erste. Verglichen. Bemessen. Abgewogen. Gnadenlos.

Erst zugunsten des neuen. Wie hat man das bloß ausgehalten. So lange. Viel zu spät, der Schnitt. Man gibt sich recht. Nein. Man hat recht.

An dem Tag, an dem ich den Namen ändere – meinen Namen –, nein, ich habe längst keinen mehr – immer nur seinen –, an dem Tag also steht es schon patt. Ich weiß schon wieder Beschied. Ich glaube wenigstens, daß ich Bescheid weiß.

Warum dann die Eile? Wieso das Gefühl des Triumphes, als ich wieder »Ja« sagte?

Auch ich unter Leistungszwang. Ich kann etwas vorweisen. Einen Mann. Einen zweiten kann ich vorweisen. Zwar steht er nicht ganz so im Amte wie der erste, aber gut im Fleische. So ist das also. Oder?

Oder will ich mir etwa selbst den Rückweg verlegen? Nicht wahrhaben, was ich schon weiß?

Ach, ich weiß ja gar nichts, denn es kommt alles viel schlimmer. Eines Tages steht der Vergleich zuungunsten des zweiten. Nicht zugunsten des ersten. Das geht nicht mehr. Nie mehr. Meine Seele arbeitet wie ein Buchhalter. Alles ist registriert. Aber zuungunsten des neuen. Unerträglich zuungunsten.

Ich will etwas sagen, aber ich halte den Mund. Sehe mein Bild an. Mein Spiegelbild. Die neuen Falten von den Mundwinkeln abwärts. Vor kurzem, sehr vor kurzem noch recht passabel. Plötzlich aber irgendwie schwer zu beschreiben, verblüht. Also halt ich den Mund und zahle. Wie es sich gehört in solchem Fall.

Ich beschleunige meinen Schritt. Mühsam wälzt er sich die Treppe empor. Schwitzt. Keucht. Wird bald von Angina-pectoris-Anfällen heimgesucht werden.

Es riecht nach Kohlsuppe. Sie scheinen eine Vorliebe für Kohlsuppe zu haben in der dritten Etage. Die Nachbarin kommt mit dem Mülleimer entegegen. Als hätte sie hinter der Tür auf Abruf gestanden. Eine Nördliche mit blondem Haar und hohen Backenknochen. Ihr Blick an mir vorbei, geil, frech. Ich brauche mich nicht umzudrehen. Ich kenne sein Gesicht in diesem Moment.

Ob er mich betrügt? Unwahrscheinlich, daß er mich nicht betrügt. Die Mutter seiner Kinder hat er immer betrogen, zuletzt mit mir.

Tagsüber. Wenn er angeblich in Bibliotheken arbeitet. Oder auf Dienstreisen. Er hat sich seinen Sinn bewahrt für die Annehmlichkeiten dieser Welt. Von seinen Taglieben erfahre ich nichts.

Vielleicht gibt es auch keine Taglieben. Aber wäre das etwa besser? Es wäre überhaupt nicht besser. Es wäre lediglich Bequemlichkeit. Und ein Mann, der nur aus Bequemlichkeit treu ist, demütigt einen noch mehr als ein untreuer.

Ich setze die Beutel auf der Fußmatte ab, trete zur Seite, damit er die Tür mit seinem Schlüssel öffnen kann. Abläufe. Eingeschliffen. Wie lange schon. Zehn Jahre oder fünfzehn. Ach nein doch. Erst zwei. Aber es könnten auch fünfzehn gewesen sein. Beim erstenmal waren es fünfzehn. Die Zeit beginnt zu rasen. Zwei Jahre wiegen jetzt schon wie fünfzehn frühere.

Ich trete ein. Ohne besondere Erwartung.

Ich werde die Hausaufgaben meiner Tochter durchsehen. Anhören, daß seine Kinder selbständiger waren. Überhaupt brauchte er sich da weder um Schularbeiten noch Haushalt zu kümmern. Bis ihn seine erste Frau rausgeschmissen hat. Er suchte als ein Weggejagter Unterschlupf. Und ich dachte, er käme aus Liebe.

Aber ich werde den Mund halten. Meine Kinder sind nicht seine Kinder, und es geht ihn nichts an. Der Junge war wirklich für einen Nicht-Vater eine Zumutung. Eine fünfzehnjährige Zumutung.

Ich werde alles runterschlucken und fühlen, wie mein Gesicht einen Schlafausdruck annimmt. Ein Wunder, daß ich nicht blöke. Aber ich blöke nicht, sondern heule heimlich beim Abwaschen, und Heulen macht alt.

Ich werde wieder den Filmanfang verpassen. Ich bin ein Spezialist für zweite Hälften von Fernsehfilmen. Er ist gern bereit, mich auf das laufende zu bringen. Mit dem Anfang würde ich womöglich sowieso nicht beginnen. Dann nämlich wäre ich noch nicht zu müde. Ich würde ein Gedicht schreiben oder etwas erfinden. Ich bin sicher, das steckt alles in mir.

In dem Mann, der hinter mir die Tür schließt, dessen Gesicht vom Steigen gerötet ist, dessen nikotinvergiftete Lungen die Sauerstoffversorgung nicht schaffen, in dem Mann steckt nichts. Er legt Wert auf den Anfang, auf seine Latschen und auf sein Bier.

Später werden wir uns zu Bett begeben. Seitdem wir uns regelmäßig zusammen niederlegen, schlafen wir seltner miteinander. Offen gesagt, ich schlafe überhaupt nicht mehr mit ihm. Seit sie vorüber ist, die leichtfüßige, die berauschte Zeit, habe ich wieder meine Vorstellungen. Die mich umarmen, sind gesichtslos, anonym, brutal, von stattlichem Gemächt. Immer werde ich ein bißchen vergewaltigt. Ich weiß nicht, ob Männer sich dabei etwas vorstellen. Vielleicht denkt mein Zweiter an die Nachbarin, während er es mit mir tut. Er legt jedenfalls keinen Wert mehr darauf, daß wir das Licht anlassen.

Es hat wer angerufen, sagt meine Tochter. Ein Mann.

Ach so ja, sage ich. Weiß schon Bescheid.

Ich bringe die Beutel in die Küche und werfe im Vorbeigehen einen Blick in den Garderobenspiegel. So unerfreulich ist es gar nicht. Ein bißchen herb, vielleicht. Aber interessanter, auf jeden Fall.

Ich schneide den Zwiebelzopf von der Wand.

Er meldet sich wieder, der Mann, der angerufen hat, sagt meine Tochter von der Tür her.

Jetzt erst einmal etwas Handfestes in die Pfanne. Das Fleisch mürbe geklopft. Eine Prise Salz. Eine Prise Muskat.

Der Zweite staunt und gibt mir einen Kuß. Ich bin nicht ganze bei der Sache.

Der Wind trägt Schafgarbenduft herein. Und das mitten in der Stadt!

NOTES

DIENSTAG, DER 27. SEPTEMBER

2 **Da rennt ja die ganze Stadt zusammen:** 'You'll wake the whole town up.'
sich ausschütten vor Lachen: split one's sides with laughter.

3 **Puphemde:** 'doll's shirt'. This is a word made up by the child.
Das schlagt wie eine ·Bombe: the correct form here would be 'das schlägt . . .'. The grammatical error reflects the young child's command of the language.
Über die Unmöglichkeit deckungsgleicher Gedankengebäude bei – selbst marxistischen – Politikern und Künstlern: 'About how it is impossible even for Marxist politicians and artists to see things in exactly the same way.'
Lenin (1870–1924) was an important Marxist political theorist and activist who became the first leader of the new Union of Soviet Socialist Republics after the revolution in 1917. **Gorki** (1868–1936) was an important Soviet writer. He began writing in 1892, was a strong advocate of proletarian literature, and one of the initiators of socialist realism.
bei aller Unversöhnlichkeit in philosophischen Fragen: 'even if this cannot be reconciled philosophically'.
was Wahres dran ist: 'there's some truth in it'.

4 **eines fast bis zur Geistesgestörtheit erbitterten Weißgardisten:** 'by a White Guard who was embittered almost to the point of madness'.
Wir kommen auf die Voraussetzungen für souveränes Verhalten in einem Land, in dem sich die sozialistische Gesellschaft unter Voraussetzungen und Bedingungen wie bei uns entwickeln muß: 'We talk about the prerequisites for independent action in a country, where socialist society has to develop under particular preconditions and circumstances such as we have here.' This conversation is concerned with the problem of the individual and society in the GDR and how far the individual should subordinate herself to the party line in order to bring about socialism.

wie in schematischen Büchern: This refers to those unconvincing socialist–realist novels, written according to the pre-given formal criteria which were common in the 1950s. For further details of socialist realism see the introduction to this volume.

ich fälle: again this is a grammatical error by the young child which should read 'ich falle'.

5 **die schlesischen Dialekt spricht**: This woman is an immigrant from Silesia, a region which was part of Germany prior to 1945 and which is now in Poland.

rechnen Sie doch um: eins zu drei: This refers to the black market exchange rate between the Deutschmark and the East German Mark.

du grüne Neune: 'good heavens'.

6 **ein Eckchen suchen müssen**: 'had to find a corner somewhere'. Tinka needs to go to the toilet.

7 **Nach dem Essen fahre ich ins Waggonwerk, zur Parteigruppensitzung der Brigade**: The narrator is a writer, working at the time of the *Bitterfelder Weg*, the policy which encouraged close contact between writers and industrial and farm workers. Christa Wolf's experiences with this team of workers (*Brigade*) was the basis of her novel, *Der geteilte Himmel* (1963), the beginnings of which she describes at the end of this story.

Beschäftigungstheorie, sagen sie. Eisenplatz, Holzplatz, Bohlen ausbessern: 'theorizing about how to occupy our time. Replenishing the stores of iron, wood and beams'.

in der Tinte sitzen: to be in trouble.

im letzten Quartal noch ein Bein ausreißen, um den Plan zu machen: 'kill ourselves in the last three months to fulfil the plan'.

8 **für die öffentliche Rechenschaftslegung seiner Brigade**: 'for the meeting at which he will have to give a public account of the brigade's work during the year'.

Wettbewerbspartner: co-competitor in the competition between brigades to increase productivity, fulfil the plan and gain the honorary title *Brigade der sozialistischen Arbeit* (socialist work brigade) and the bonuses that accompany this honour.

über die Steigerung der Arbeitsproduktivität: 'about how to increase productivity at work'.

9 **da gibt's nichts daran zu wackeln**: 'there's nothing dodgy about it'.

BGL (Betriebsgewerkschaftsleitung): the works' trade union executive.

zu Aktivisten vorgeschlagen: nominated to receive the honorary title *Aktivist*, which signifies that they have made a special contribution to the construction of socialism.

Straße der Besten: a public display of photographs of workers chosen as the best in the workforce.

mit seiner 'rückläufigen Kaderentwicklung': 'with his bad working record'.

10 muß mal ein Loch zurückstecken: 'has sometimes to accept he is wrong'.

11 Meechen: colloquial form of *Mädchen*.

Nicht die Bohne: 'no mention of it'.

12 zur Bewährung: 'in order to prove himself'.

dem Leben abgelauscht: 'taken from real life'.

ihre Banalität bis zur Unerträglichkeit steigern: 'reach intolerable levels of banality'.

HIMMEL AUF ERDEN

15 Sie war ihrem Sohn nicht gerade um den Hals gefallen: 'She wasn't exactly enthusiastic'.

Zwangseinweisung: the official assigning to them of a tenant.

dem chronischen Ersatzteilmangel zu Leibe ging: 'countered the chronic shortage of spare parts'.

17 ihr dauernd in die Quere kam: 'was constantly getting in her way'.

18 HO-Laden: a shop run by the *Handelsorganisation*, a state-owned organization for the provision of goods and services.

19 die Grenze dichtgemacht wurde: 'the border was sealed'. This occurred with the building of the Berlin Wall in August 1961.

20 Schwamm drüber: 'let's forget about it'.

23 mit Stumpf und Stiel: 'root and branch'.

24 sich keinen Vers darauf machen: 'make no sense of it'.

25 wie Knecht Ruprecht kurz vor der Weihnachtsbescherung: 'like Knecht Ruprecht before the distribution of presents at Christmas'. According to legend Knecht Ruprecht accompanies Saint Nicholas on his rounds on 6 December and puts naughty children in his sack.

26 seine Verbindungen: 'had his connections'. Private contacts are important in the GDR, where commodities and services can sometimes be in short supply.

Krümelreste: the powdery residue of pills which suggests that Frau Grimma has committed suicide.

LEBEN UND ABENTEUER DER TROBADORA BEATRIZ NACH ZEUGNISSEN IHRER SPIELFRAU LAURA

27 Volksarmee: the army of the GDR.

doppelt promoviert: 'with two doctorates'.

28 in Verzug geraten: 'fall behind with'.

bezichtigte sich Laura ideologischer Unklarheiten und bat um

Delegierung in die Produktion: 'Laura claimed lack of ideological clarity and asked to be delegated to a manual job'. Intellectuals are expected to have a clear grasp of the party's policy and objectives and to work for these. The party claims to represent working-class interests and during the 1950s and early 1960s, in particular, intellectuals were encouraged to gain experience of working-class life. In Laura's case, motherhood and intellectual work prove incompatible; she is unable to do justice to either.

VEB (K) Bau Heidenau: '*Volkseigener Betrieb (bezirksgeleitet)*'. This refers to a firm, in this case a construction firm in Heidenau, owned by the state and managed at a regional level. A *Bezirk* is the East German equivalent of a county. The country is divided into Berlin and fourteen such regions.

Proletkult: 'proletcult'. This was a cultural–political movement founded in the Soviet Union in 1917. It stemmed from the amalgamation of several cultural–political organizations. Its policy was direct worker participation in the production and consumption of culture at the expense of the cultural heritage. It was soon discredited in the Soviet Union.

29 **Die Auskünfte zerstreuten Lauras Verdacht und stimmten sie versöhnlich, jedoch nicht um**: 'This information dispelled Laura's suspicion, placated her feelings but did not change her mind.'

im Anstellungsfall: 'should she take the job'.

das Kind ordentlich herstellen: 'make her child presentable'.

Selbstkritik: public self-criticism by individuals of things considered mistakes by their peers is seen as an important form of political education in the GDR.

30 **Espresso am Alex**: this is a café on Alexanderplatz in the centre of Berlin.

Exquisithemd: an expensive shirt bought in an *Exquisit Laden*, the GDR equivalent of an expensive boutique.

31 **den Garaus gemacht mit einer Salve**: 'frightened off with a single shot'.

32 **Persephone** (Proserpine in its Latin English form) was a Greek goddess, the daughter of Zeus and the earth goddess, Demeter. She was abducted by Pluto, god of the underworld, to be his queen. Unable to find her daughter, Demeter forbade the earth to grow anything more. After negotiation Persephone was released by Pluto for two-thirds of each year. In Irmtraud Morgner's novel Persephone is responsible for putting the mediaeval troubadour Beatriz to sleep until 1968.

die Menschwerdung in Angriff nehmen: 'get on with becoming a full human being'.

Dieser Zweck heiligt alle Zaubermittel: 'This end justifies all magical means.'

Balkonwettbewerb: competition for the most attractive balcony.
Du haust beim Zirkus in den Sack: 'You are in a dead end at the
circus'. Beatriz is at this time employed in a circus.

LENA K.

34 **Kafka-Träume**: dreams with the nightmarish quality of some of the
writing of the Czech German author, Franz Kafka.
am Verdursten: 'dying of thirst'.
35 **kommt . . . nicht mehr in Betracht**: 'is no longer regarded as'.
in Schwung kommen: 'get into one's stride'.
in gewisser Hinsicht: 'in certain respects'.
Don-Juan-Bedürfnis: a need to seduce men similar to that of the
legendary figure, Don Juan, who expressed his hedonistic sensuality in
the unrestrained seduction of women. Don Juan appears in the
literature of several countries but was first identified in a Spanish text,
El burlador de Sevilla y el convidado de piedra by Tirso de Molina
(1630).
Walkürenfigur: 'Valkyrie-like figure'. In Norse and German mythology the Valkyries were the handmaidens of the god Wotan. They
selected which warriors would die in battle. They symbolize strong,
courageous, threatening women.
36 **in geschlechtlicher Hinsicht**: 'where sex is concerned'.
KZ (Konzentrationslager): 'concentration camp'.
ich war grausam überfordert: 'much too much was expected of me'.
37 **Er möchte fünf Schlüssel für sein Heim in der Tasche tragen**. 'He
would like to have five keys to his home in his pocket'. Insecure in his
relationship with Lena, Walter wants to keep his home life separate and
secure from the outside world.
Wagner (1813–83) was a German dramatic composer, poet and essay
writer of exceptional intellectual stature. He is most famous for his
Musikdramen, operas based on mediaeval German literature and
mythology.
38 **Er hatte ziemlichen Krampf mit seiner Schwester**: 'he had rather a lot
of trouble with his sister.'
Es ist zum Verrücktwerden: 'It's enough to drive me mad.'
39 **Der allseitig entwickelte Mensch mit der breiten Skala**: 'the all-round
developed personality with a wide range of skills'. According to GDR
social theory, socialist society should offer every individual the means
to become a fully-developed, rounded personality.
40 **wegen eines Spleens**: 'by doing something out of the ordinary'.
festgefahrene Funktionäre: 'people in official positions who have
become set in their ways'.

41 **Mir graut**: 'I dread'.

Wem die Stunde schlägt: the reference is to Chapter 20 of Ernest Hemingway's *For Whom the Bell Tolls* in which the hero, Robert Jordan, a member of the International Brigade in the Spanish Civil War, is joined in his sleeping bag by the innocent Spanish girl, Maria.

42 **Endstation Sehnsucht**: this reference is to the heroine of the play, *A Streetcar Named Desire* by the American dramatist Tennessee Williams. Blanche aspires to be a romantic heroine but is too sexually active to conform to this role.

43 **habe ich mir von Lehrern nie dreinreden lassen**: 'I never let teachers talk me into it'.

haben mich nie außer Rand und Band gebracht: 'have never caused me undue trouble'.

44 **das macht mich auch nicht heiß**: 'that doesn't worry me'.

Wenn gelegentlich Allergien hochkommen: 'if occasionally allergies surface'. The image of allergies is used to suggest that sometimes they may get on one another's nerves.

45 **als mir die Eskapaden meines Mannes massiv zusetzten**: 'when my husband's escapades affected me very badly'.

SUSANNE T.

47 **halten mich zu locker**: 'are too easy on me'.

meinen Kopf durchsetzen: 'get my own way'.

48 **Wenn ich die schon laufen sehe!**: 'You only need to look at the way she walks!'

erzählt sie uns das Blaue von Himmel: 'she tells us a tall story'.

49 **Manche Lehrer hinken toll ihrer Zeit hinterher**: 'Lots of teachers are way behind the times.'

wo's langläuft: 'where things go from here'.

Der kann gut reden: 'It's alright him talking like that'.

viel Geld raffen und Beziehungen haben: 'make lots of money and have connections'.

50 **wenn irgendwo herumgeschlampt wird**: 'if people are sloppy'.

in der neunten: 'in the ninth class'.

51 **Malamud**, Bernard, is an American realist writer whose writing is characterized by lonely, socially oppressed heroes from American Jewish lower middle-class backgrounds. Susanne T., like Lena K. in the previous chapter, sets great store by characters in books. This reflects the important role of fiction as a medium for the transmission of social values in the GDR. Fiction has acquired this role in part as a result of the importance given to it by the state, which goes to great lengths to

ensure that available fiction is ideologically acceptable.

das Buch von Merle über die Delphine: This refers to the science fiction novel, *Der Tag der Delphinen* (The Day of the Dolphins) (1967) by the French writer, Robert Merle.

schief angeguckt: 'thought to be odd'.

Hach Gott!: 'Oh God!'. 'Hach' is a central North German form of 'ach'.

BOLERO

53 **In jener Sitzung wurde ein Referat verlesen, dem man auch ohne böswilligen Scharfsinn die verschiedenen Zuarbeiter anmerkte:** 'At that meeting a project was presented; the different contributors to it which could be recognized without malicious astuteness.'

das im Prozeß meiner Persönlichkeitsentwicklung herausgebildete Normverhalten: 'the normal way of behaving which I learned as my personality developed'.

blieben meine Augen . . . haften: 'my eyes lighted on'.

54 **Als er sich mir während der Pause in den Weg baute:** 'When during the break he came and stood in front of me'.

aus Langeweile dem Teufel Gefolgschaft geleistet:' followed the devil out of boredom'.

55 **Er kam ohne weitere Einleitung über mich und beschäftigte sich an mir mit sich:** 'He used to make love without any foreplay, using me purely for his own pleasure.' He does nothing to arouse her sexually or give her any sexual pleasure.

Hinter der Sinnlichkeit der Frauen mutmaßte er Tonnenideologie: 'He suspected that sensuality in women was overrated.'

schätzte er den Prozentsatz der frigiden Frauen im Abendland auf sechsundneunzig: 'he estimated the percentage of frigid women in the western world to be ninety-six'.

ich über ihn kommen mußte: 'I had to seduce him'.

56 **Abwegig verstaubte Anwandlung einer Frau mit im übrigen durchaus moderner Weltanschauung:** 'the out of place, outmoded impulse of a woman who otherwise has thoroughly modern ideas'.

nach abgestandener Rauchluft: 'of stale smoke'.

Ein Kontrast im Gleichklang meiner Tage: 'A contrast with the monotony of my daily life'.

57 **eine verfehlte Sache:** 'a failure'.

zu meinen Gunsten: 'in my favour'.

58 **Vorbeiseh-Manöver:** 'pretence at not seeing'.

60 **Allesodernichtszeit**: 'a time when it was all or nothing'.
   beileibe nicht: 'by no means'.
   mit Imi bearbeitet: 'worked at with [a detergent called] *Imi*'.
   mit der Restfamilie: 'with the remaining members of the family'.
61 **der Kummer würgt mir den Atem ab**: 'the pain of it takes my breath away'.
62 **Er hat Sorge, sein Geld nicht abzuessen**: 'He is afraid of not eating his money's worth'.
   Leistungskomplex: complex about being successful
   steht es schon patt: 'it's already in question'.
   Leistungszwang: 'pressure to achieve something'. In the GDR performance at work, in social organizations, in sport, leisure and in politics is taken very seriously. Individuals are expected both to contribute to the good of their society and to develop their own personalities fully.
   Zwar steht er nicht ganz so im Amte wie der erste, aber gut in Fleisch: 'Admitedly he isn't so successful at work as the first, but has a good body.'
63 **Angina-pectoris-Anfälle**: 'attacks of angina'. This is a form of heart disease in which lack of oxygen causes acute pain to the heart muscle and surrounding areas of the body.
   Der Junge war wirklich für einen Nicht-Vater eine Zumutung: 'The boy was really a bit much for a man who was not his father.'
64 **das steckt alles in mir**: 'I have it in me.'
   von stattlichem Gemächt: 'physically handsome'.
   ich bin nicht ganz bei der Sache: 'My mind isn't on what I'm doing.'
   Schafgarbenduft: 'the scent of yarrow'. Yarrow is a wild plant completely out of place in the town. It can be read as symbolizing the social inappropriateness of her attraction, as a married woman, to the new man in her life.

VOCABULARY

This vocabulary contains words which are unlikely to be part of a student's basic vocabulary and which are not explained in the notes. The English meanings of German words given here refer to the particular context in which they are found in the stories in this anthology.

abflachen level out
abgespannt exhausted
Abglanz *m* reflection
abhauen (*coll.*) leave, clear off
Ablauf *m*, ⁻e sequence
ablenken distract
abnabeln cut umbilical cord
abonnieren subscribe
abraten dissuade
absacken let down
abschlagen refuse
Abstand *m*, ⁻e interval, distance
Abstecher *m* trip
Abstottern (*coll.*) *n* hire purchase
abträglich harmful
abstrampeln *refl.* exert
Abtreibung *f*, -en abortion
abwegig out of place
aneignen *refl.* acquire
Anerkennung *f* recognition
Anfangsgroßartigkeit *f* initial generosity
anfechten trouble
Angelegenheit *f*, -en matter

anlasten blame
Anreiz *m*, -e incentive
Ansatzpunkt *m*, -e starting point
anschwellend with increasing volume
ansetzen to start
Anspruch *m*, ⁻e claim
anstellen do, get up to
anstellig handy
anstrengen make great demands on
Anstrengung *f*, -en effort
Anwandlung *f*, -en impulse
anwidern make someone sick
anzweifeln doubt
Ateliergespräch *n*, -e studio discussion
aufdrängen force
aufdringlich pushy
aufgekratzt (*coll.*) exhausted
aufhalsen saddle with
aufnötigen press upon
aufrechterhalten maintain
Aufrichtigkeit *f* sincerity

aufschinden graze
Aufschluß *m*, ⸚sse information
Aufwartung *f* cleaning
aufzwingen force upon
Ausbruchsplan *m*, ⸚e plan of
escape
auseinandersetzen have a good
look at
ausgeschöpft exhausted
ausgetragen solved
ausliefern *refl.* give/surrender
oneself to
auslöschen extinguish
auslösen release
Äußere *n*, -n appearance
äußerlich superficial
ausspähen look out
aussteigen (*coll.*), retire
ausstrahlen radiate
austreten leave
ausweichen evade
auszahlen pay off
Autoritätszauber *m* magic of
authority

Bauernkate *f*, -n cottage
beabsichtigen intend
bedrängen oppress
Bedürfnis *n*, -se need
beflügelter more attractive,
inspiring
behaften encumber
behaupten *refl.* hold one's ground
beifallheischend approval-seeking
Beihilfe *f*, -n financial assistance
begnügen *refl.* be satisfied
begriffsstutzig dense
belehren instruct
Beleidigungsfall *m*, ⸚e insult
beleuchten examine
beliebig at pleasure
bemessen measured
Bequemlichkeit *f* indolence
berauscht intoxicated

Berührung *f*, -en contact
bescheinigen acknowledge
beschlagnahmen confiscate
beschleunigen speed up
beschützen protect
beschwichtigen silence
beschwörend imploringly
Besitz *m* possession
beständig permanent
bestreiten perform
bestürzen confound
Beteiligte *m*, -n participant
beteuern protest
betreiben carry on
betriebsblind blind to the short-
comings of one's job
Betriebsfest *n*, -e works' social
betrügen deceive
bevorzugen prefer
bewahren reserve
bewältigen cope with
beziehungsweise respectively
Bittgang *m*, ⸚e request
blamieren ridicule
blinzeln wink
blöken bleat
Brigadeabend *m*, -e brigade
social
bummelig slow
Bürschchen *n* little chap
Chinin *n* quinine

Dachfirst *m*, -e ridge of the roof
Datsche *f*, -n holiday cottage
Demütigung *f*, -en humiliation
dermaßen so, such
Dichten *n* composition
dienen serve
Dienstleistungsgesuch *n*, -e job
Dienstreise *f* -n business trip
diesbezüglich with regard to this
Dogge *f*, -n Great Dane
Dolch *m*, -e dagger
Dozentenstelle *f*, -n lectureship

Drahtbrille *f*, **-n** metal-framed glasses
drahtig wiry
Dreikäsehoch *m*, **-s** whipper-snapper
Drückeberger *m* coward
Druckrahmen *m* frame
Duckmäuser *m* moral coward
dufte (*coll.*) great
dunstig hazy
durchbeißen (*coll.*) win through
Durcheinander *n* confusion
durchprobieren try out
durchschreiten cross
durchtrieben cunning

einbilden imagine
Einblick *m*, **-e** insight
eindringen penetrate
Eindringling *m*, **-e** intruder
Eindruck *m*, **-̈e** impression
eingeschliffen a matter of habit
Eingriff *m*, **-e** intervention
einpferchen cram
einrichten set up
einsaugen imbibe
einsperren lock in
Einstellung *f*, **-en** attitude
eintreten occur
Einwand *m*, **-̈e** objection
einwandfrei perfect
einweihen let into a secret
Einweihungsfeier *f*, **-n** house-warming party
Elan *m* zest
entfalten *refl.* develop
entrüstet angry
entspringen arise
entstehen come into being
Entstellung *f*, **-en** distortion
entziehen deprive, withdraw
Epen *n pl.* epics
erbost angry

Ereignis *n*, **-se** *incident*
erfordern demand
erfreulich pleasing
ergattern pick up
ergreifen take
Erläuterung *f*, **-en** explanation
erledigen carry out
Erleichterung *f*, **-en** relief
erniedrigt humiliated
erörtern discuss
Ersatz *m*, **-̈e** compensation
erstehen purchase
Erwachen *n* awakening
erweisen *refl.* turn out to be
Erziehungsziel *n*, **-e** educational goal
erzielen achieve
ewig everlasting

Fabriksaal *m*, **-säle** factory hall
fachunkundig inexpert
fädeln thread
fähig capable
Fähigkeit *f*, **-en** ability
Fegefeuer *n* purgatory
feilschen bargain for
fertigmachen depress
festlaufen jam
Fete *f*, **-en** party
Firlefanzerei *f*, **-en** nonsense
Flause *f*, **-n** nonsense
Fliese *f*, **-n** tile
Flugasche *f*, **-n** flying ashes
flügge independent
fördern promote
Forschungsbericht *m*, **-e** research report
fortdauernd continuous
freimütig frank
Funktionär *m*, **-e** official

Ganzheit *f* completeness
Garantiedienst *m* after service
Geborgenheit *f* security

Geburtstagstrubel *m* birthday racket
Gedankengang *m*, ⁻e train of thought
Geflecht *n*, -e interweaving
gefügig pliable
Gefühlsaufwand *m*, ⁻e feeling
Gegebenheit *f*, -en fact
gegenseitig mutual
Geheimnistuerei *f*, -en mysterious behaviour
geil wanton
gelegentlich occasionally
gelten count as
Gelüst *n*, -e longing
gemäß in accordance with
Genosse *m*, -n comrade
geprügelt beaten
Geschlechtsgefährtin *f*, -nen member of same sex
geschweige let alone
Gesellschaft *f* company
Gesetzmäßigkeit *f*, -en regularity
gespalten split
gewähren grant
Gewebestruktur *f*, -en muscles
Gewissensbisse *m pl.* pangs of conscience
Glanz *m* sparkle
Gleichberechtigung *f* equal rights
Gleichmaß *n* symmetry
glotzen (*coll.*) stare
Glücksbedürfnis *n*, -se need for happiness
gnadenlos mercilessly
gönnen allow
gottlob God be praised
großmütig generous
Gruppenorganisator *m*, -e branch organiser
gutbeleumdet with a good reputation

Happen *m* mouthful
Häufung *f*, -en accumulation
Hauptangriffsfläche *f*, -n main vulnerable areas
Hebel *m* lever
Heiland *m*, -e saviour
heilen heal
heiligen justify
heimsuchen afflict
herausgeputzt (*coll.*) elaborate
herausheben *refl.* stand out
herausholen rescue
Herrscher *m* ruler
herumgammeln loaf about
hervorzerren pull out
hiesig local
hinausreichen go beyond
hinhauen *refl.* (*coll.*) rest
hinterhältig insidious
hinwegkommen get over
hüten *refl.* be careful not to

immatrikulieren register
Internat *n*, -e boarding school
inwendig internal
irdisch down-to-earth
irren *refl.* make mistakes

jämmerlich lamentably
jonglieren juggle

Kaderakte *f*, -n personal file
Kammer *f*, -n small room
Kapuziner *m* type of coffee
Karre *f*, -n cart
Kernkraftwerk *n*, -e nuclear power station
keuchen gasp
Kinderobszönität *f*, -en childish obscenity
Klinke *f*, -n doorhandle
Kniff *m*, -e trick
Kommandobrücke *f*, -n bridge
Kommilitone *m*, -n fellow student

Konkurrenz *f* competition
Konzentrationsvermögen *n* power of concentration
Korrekturfahne *f*, -n uncorrected proofs
kredenzen present
Kreislauf *m* circulation
Krempel *m* rubbish
Krippenplatz *m*, ⁻e nursery place
Kugelbauchhälfte *f*, -n rounded stomach
kunstpadagogisch art educational

Langwierigkeit *f* lengthiness
Lappalie *f*, -n trifle
Latsche *f*, -n slipper
Lebenssaft *m*, ⁻e lifeblood
lediglich merely
Lehrveranstaltung *f*, -en class
Leibesfrucht *f*, ⁻e unborn child
Leichtfertigkeit *f*, -en thoughtlessness
Liebeshandlung *f*, -en lovemaking
Liebesverhältnis *n*, -se relationship
Lichterkranz *m*, ⁻e candles
Lümmel *m* lout

Männlichkeit *f* masculinity
Mansarde *f*, -n attic
maßstabgerecht according to scale
Maueraufzug *m*, ⁻e bricklayer's hoist
Maul *n*, ⁻er mouth
melden report
merkwürdigerweise strange to say
Minderwertigkeitskomplex *m*, -e inferiority complex
Mißgunst *f* resentment
mitnichten by no means
Mittelmäßigkeit *f* mediocrity
mollig plump
Mörtelsack *m*, ⁻e sack of mortar
Mundwinkel *m* corner of the mouth
mustern examine

nachhaltig lasting
nachweisen prove
Nahrungsreflex *m*, -e need to eat
Nebeneinanderleben *n* life together
Netze *f*, -n net bag
Neubauviertel *n* new housing estate
neuerdings recently
Nichtankommen *n* not getting there
niederdrückend depressing

Offenbarungseid *m*, -e oath of disclosure
Ohnmacht *f* impotence
ohrfeigen hit

Pepsinwein *m* -e aperitif
Pflichtkür *f*, -en prescribed exercise
Posse *f*, -n farce
Praktikum *n*, -ka practical course
Prämie *f*, -n bonus
preschen race
Produktionsstockung *f*, -en break in production
Puddingsuppe *f*, -n blancmange
Putz *m* plaster

quälend agonising
Qualitätssprung *m*, ⁻e qualitative leap
Querpfeifer *m* troublemaker
quirlen twirl

Radau *m* row
raffen (*coll.*) make
Rechenschaftsbericht *m*, -e statement of accounts
recken stretch
Redewendung *f*, -en expression
Referat *n*, -e report
Regung *f*, -en stirring

Reichweite *f*, -n range
Relais *n* timeswitch
Remis *n* stalemate
rentabel profitable
Riesenqualm *m* row
Rinderoffenstall *m*, ⁼e open-plan cowshed
Röhre *f*, -n oven
rückhaltslos unreservedly
Rücksicht *f* regard
Rücksichtnahme *f* considerateness
rühren stem, move
rumoren make a row
rüstig vigorous
rütteln shake

Sachkenntnis *f* expertise
sachkundig expert
Sauerstoffversorgung *f* oxygen supply
saufen (*coll.*) booze
säumig slow
schausitzen sit on display
scheppern ring
Schererei *f* bother
schillernd iridescent
schlagartig in a flash
Schlamassel *m* (*coll.*) mess
Schlamperei *f* (*coll.*) sloppiness
Schlaraffendasein *n* idle and luxurious life
schleifen drag
schlesisch silesian
schleudern fling
schludrig sloppy
schmeißen (*coll.*) fling
schnaufen pant
schneutzen *refl.* blow one's nose
Schnörkelschrift *f*, -en ornate lettering
Schöpfer *m* author
Schrank *m*, ⁼e wardrobe
schwängern get pregnant
schwerfallen find difficult

Sehnsucht *f*, longing
Selbstverleugnung *f*, self-denial
Selbstverwirklichung *f* self-realization
sinnlich sensual
sittlich moral
Spezialstrecke *f*, -n specialist area
Spieß *m*, -e spit
spießig petty-bourgeois
Sprachgewalt *f* linguistic power
Sprechstundenhilfe *f*, -n receptionist
Staatsexamen *n* degree exam
Steineinfassung *f*, -en stone enclosure
stillen breast feed
stossen *refl.* take offence
Stulle *f*, -n sandwich
Stullenbüchse *f*, -n sandwich box
stülpen pull
stürzen rush

tadeln express disapproval of
Tagheimlichkeit *f*, -en daily secrets
Tagliebe *f*, -n day-time affair
Tailleumfang *m*, ⁼e waistline
Tatkraft *f*, ⁼e energy
taumeln reel
Teigschüssel *f* mixing bowl
Teufelskreis *m*, -e vicious circle
Tief *n*, -e depression
Tierquälerei *f* cruelty to animals
Tonleiter *f*, -n scale
trachten strive
Trieb *m*, -e instinct
Triebwagenfahren *n* driving trams
Trockenkost *f* dry fare
trösten *refl.* to console oneself
Truhe *f*, -n chest
tuscheln whisper

überfordert overtaxed
Überidee *f*, -n organizing concept

Übergang *m*, ⁻e transition
überlegen superior
übermannen overcome
Überschwang *m* exuberance
übertölpeln take in
übertragen transfer
Übertreibung *f*, -en exaggeration
Überweib *n*, -er virago
überwinden get over
Umgangsformen *f pl.* manners
umhinkönnen be able to avoid
Umnachtung *f* mental derangement
umständlich awkwardly
umstellen convert
Umwelt *f* environment
unabläßig unremittingly
unauslöschlich inextinguishable
unbefangen unembarrassed
unbefugt unauthorised
unbegründet unfounded
unbeirrt unswerving
undressiert undisciplined
undurchdringlich impenetrable
uneingeweiht not in the know
unerfreulich unpleasant
unergiebig unproductive
unerschütterlich unshakable
ungeeignet unsuited
unnachweisbar untraceably
Unschuld *f* innocence
unsinnig foolish
Unsitte *f*, -n bad habit
Untat *f*, -en crime
Untergang *m* downfall
Untergebene *m*, -n subordinate
Unterhaltspflicht *f*, -en maintenance obligation
unterjubeln (*coll.*) palm off
unterlegen inferior
Unterschlupf *m* refuge
unterwerfen subjugate, submit
unvermeidlich unavoidable
Unverträglichkeit *f* intolerability

unwahrscheinlich improbable
unzumutbar unreasonable

Ventil *n*, -e outlet
verabreichen provide
Verantwortung *f*, -en responsibility
Verbesserungsvorschlag *m*, ⁻e suggestion for improvement
verbildet badly educated
Verblüffung *f*, -en bafflement
verbraucht worn out
verbreiten *refl.* expand
verdattert (*coll.*) confused
verfassen compose
verfechten advocate
verfügen have, be in charge of
vergeben give away
vergeblich vain
Vergeblichkeit *f* uselessness
Vergeltung *f*, en compensation
vergewaltigen rape
vergilbt yellowed
Verhaltensregel *f*, -n rule of behaviour
verhaspeln *refl.* get muddled
verhätschelt spoiled
verheißen promise
verkehren reverse
verklemmt inhibited
verknallt (*coll.*) madly in love
verknüpfen connect
Verkrampftheit *f*, -en tension
Verlangen *n* desire
Verlassenheit *f* loneliness
verlaufen pass
Verlegenheit *f*, -en embarrassment
verleiten lead
verlesen read out
verleugnen disown
verlohnen be worthwhile
vermitteln communicate
vermögen be able
verpönt prohibited

verringern reduce
Versagen n failure
Versager m failure
verschaffen get
verscheuchen frighten away
verschollen not heard of again
verschränken fold
Versehen n mistake
Versenkung f, -en store
versponnen airy-fairy
Verstellung f, en disguise
Verstimmung f, -en ill temper
verstümmelt stunted
versuchsweise on a trial basis
verteufeln condemn
vertrauen trust
Vertraute m, -n confidant
verunreiningen pollute
verunstalten disfigure
verurteilen condemn
verwehren keep from
verwirklichen to realize
verzerren distort
verzetteln refl. spend too much
  time on other things
verzieren decorate
Verzweiflung f desperation,
  despair
verzwickt complicated
Volksmund m popular wisdom
Volkswirtschaftsplan m, ⁼e
  economic plan
Vorarbeit f, -en preparatory work
voraussetzen assume
Vorbehalt m, -e reservation
vorbeugen prevent
Vorbild n, -er example
Vorgang, m, ⁼e process
vorgeformt preformed
Vorleben n past life
Vorrecht n, -e privilege
Vorrichtung f, -en device,
  arrangement
vorsintflutlich prehistoric

vortragen recite
vorweisen show

Wachsamkeit f vigilance
Waggonwerk n, -e railway carriage
  factory
wahren preserve
Waschputzwand f, ⁼e white-
  washed wall
wegschießen put off
Weiche f, -n soft spot
Weite f, -n expanse
weitschweifig at length
welken wither
Weltanschauung f, -en view of the
  world
werben court
Werkleiter m works manager
Widerstand m, ⁼e resistance
wiegen weigh
Wiesengelände n meadow land
Wirkung f, -en effect
Wirkungsbereich m, -e area of
  influence
wittern suspect
wohltuend pleasantly
wortgewandt eloquent
Wutanfall m, ⁼e fit of anger

zahm tame
zechen tipple
Zeiteinheit f, -en unit of time
zerfließen melt away
zerzaust untidy
zigeunern travel like gypsies
zublinzeln refl. wink
zugeben admit
Zugehfrau f, -en cleaner
Zumutung f, -en unwarranted
  demand
zuprosten drink the health of
Zuschlagstoff m, -e additional
  material
zusetzen give a person a hard time

zuspitzen *refl.* come to a head
zustehen have a right to
zurechtweisen reject
zurückziehen withdraw
zuwiderlaufen run counter to
Zuzug *m*, ⁻e move

Zwangsvorstellung *f* -en
hallucination
zweifeln doubt
Zwiebelzopf *m*, ⁻e string of onions
Zwielicht *n* twilight
Zwiespalt *m* conflict